鹿児島民俗聞書

水流郁郎 著

慶友社

はじめに

本書は私の野帳（調査ノート）をまとめたものである。

野帳の冒頭には、大島郡龍郷《たつごう》町の戸口、大勝《おおがち》、安木屋場《あんきやば》の村制や稲作のことについて形ばかりのことが記されている。安木屋場集落の略図も描いてあるが、どのようなたたずまいであったかどうしても思い出せない。ただ四周の山々が、緑したたるような野生の蘇鉄におおわれていたことは印象に残っている。日付は昭和三十五年九月になっている。

この年は日本列島が安保騒動に揺れ動いた年であった。東京での鼓動が奄美大島にも直接、響いてくるようなおののきを感じた。そのような歴史の大きなうねりを感じながら、私は民俗学の本を少しずつ読みはじめていた。書名は忘れたが、牧田茂氏・橋浦泰雄氏のものを読んだ記憶がある。

公務（教員）の合間を縫って少し村を歩いてみた。村の故老たちの語りの中に「民衆の歴史」の痕跡を探ってみたいという気持ちからであった。決して熱心ではなかったが、それでも野帳は三十九冊になっている。転任のたびに、これだけはと思って大切に持ち運んできた。

それから五十年の歳月が流れた。仕事の手を休めて、畑の土手に腰をおろし村のくらしぶりを語ってくれた故老たちの思いを無にすべきではないと考えて本書を刊行することにした。できるだけ客観的な記述に徹底しようと試みたが果たして故老たちの思いの何割を表現できたであろうか。

遼東の豕《いのこ》の弊に陥っている点も多かろうと思う。これも私の不学の責である。江湖の皆様方のご批正を乞いたい。

平成二十五年一月　梅花薫る頃

著　者

凡　例

一　年齢はすべて数え年とした。

二　旧暦の場合だけ「旧」とした。それ以外はすべて新暦である。

三　行事等は調査した時点から長い年月が経過しているので、変容していることが多いと思う。そのつもりで読んでいただきたい。

四　頻出度の多い地名は市町村名を省略したところもある。たとえば南大隅町佐多大泊を「佐多大泊」としたごときである。

五　戦前、戦後というのはすべて太平洋戦争のことである。

六　最後尾に略地図を記した。

目次

第一章　衣・食・住

第一節　衣・天然のめぐみ

葛布など　甑島《こしきじま》は川内《せんだい》、串木野の西方海上東シナ海にあり、上甑島《かみこしきじま》、中甑島、下甑島の三島よりなる。現在、行政上は薩摩川内市に属している。下甑島にある瀬々野浦は、主邑《しゅゆう》の手打《てうち》から山を越えた西海岸に約二百戸余が傾斜地に軒をならべている。昭和四十七年に立派な県道が完成し、自動車で片道三十分で行けるようになった。それ以前は交通不便な僻遠の地であった。昭和九年、ここを訪れた民俗学者桜田勝徳氏の記録にその状況がよく描かれている。(1)

瀬々野浦ではカンネンカズラ（葛）が重要な衣料品であった。六月下旬から七月上旬にかけて、葛の新芽がグングン伸びてくる。古いのは駄目で新芽でなければならない。皮をはぎ芯はすてる。これを平釜（一斗釜）に木灰と一緒に入れて煮て、流れ川にさらして肉質部分をそぎおとす。川の石囲いの中に一日くらいさらしておくと薄い黄色になってくる。これを竹竿に掛け干しにして、さらに水をかけて足で踏みしなやかにする。紡《つむ》ぐ時は結ばないで縄をなうようにする。機《はた》にかけてよりをいれて桛《かせ》にかけ、一ヨミ、二ヨミと数える。四十匁が一ヨミである。タナシは八ヨミであるが、経糸《たていと》と緯糸《よこいと》だから十六ヨミになる。生糸を混ぜると光沢がでて高級感があった。さらさらしていて、汗でべとつかず夏の衣として最適だった。女の子は小学校六年生ごろから織る稽古をはじめた。

魚の餌であるアマメを獲るタビ（網）には葛布《くずふ》製が最適だった。サラサラしているので濡れている海辺の岩にくっつかないからである。昭和十年ごろまでさかんに織っていたが、このころから新製品に押されて下火になった。これは昭和二年生れの故老から、昭和五十三年夏に聞いたものである。

瀬々野浦においてビィダナシ（芙蓉布）を発見したのは下野敏見氏であった。昭和五十年のことである。同氏の著書に詳述されているが、悠久の昔から孤島の一集落の中で生き続けてきた、生活の古典に脚光を浴びせたすばらしい発見であった。[2] 野生の芙蓉は私も平成三年ごろ、たびたび種子島でみた記憶がある。中種子《なかたね》町あたりがもっとも多かったと思う。幹、葉、花ともおおぶりで荒々しい感じであった。あるいは種子島でも、布の原料としていた時代があったのかもしれないと今になって思い出している。

なお、下野氏の前記著書によれば、瀬々野浦で利用した衣料品は繭、綿、葛、麻、芙蓉、赤芽柏の七種類であったという。私の調査によればこれらに加えてイチビ（黄麻）をあげることができる。これで織ったものをイチッダナシといった。

阿久根市鶴川内《つるがわち》桍《かこい》では桑の木から布を織った時代があったという。南大隅町佐多の周辺では、野生のカッガラ（カジノキ）から繊維をとって布を織っていた。いつごろまで織っていたかはわからない。鹿屋《かのや》市上祓川《かみはらいがわ》山外森《さんともり》ではカッガラについている、山蚕《やまこ》の吐き出す糸を集めて織った時代があった。大昔のことらしくこれ以上の詳しいことはわからない。上祓川ではカラムシのことを方言でハドンハ、肝付町内之浦ではカランポといい、衣料の原料としていた時代があった。

霧島市永水《ながみず》では、九月ごろ綿花を収穫し保存しておいて、冬の農閑期に綿繰り機で種子を取り除き糸車で紡《つむ》いだ。これを国分の町にあったクヤ（紺屋）に持って行き、好みの色に染めてもらった。大正末期になると絹をつくる人は少くなり綿糸を店から買ってきて織るようになった。ここに限らず木綿は庶民的な衣料品として広く栽培され織られていた。夜なべ仕事で祖母や母が織ってくれたものを着用した思い出を持つ人は多い。木綿はゴワゴワ固くて、ふくらはぎをこすり血がにじむようなこともあったという。

志布志市伊作田《いざくだ》山ノ口では麻を蒸す桶はオイデオケ（苧《お》ゆで桶）といい、集落共有であった。大きな木の枝に滑車を取り付けて出し入れした。二メートル近い高さがあったからである。蒸した麻を流れ川に持って行き扱《こ》き箸で皮をはいだ。麻の織物は夏向きで非常に涼しかったので蚊帳を作る人も多かった。このような利用の仕方は広く南九州全域にわたってみられた。イチビも蒸してから五日くらい川につけておく。流されないように石をのせておいた。指宿《いぶすき》地方では干潮時に海岸に湧出する温泉を利用して蒸すところもあった。牛馬の鞍や下駄の鼻緒など用途が広かった。

イッサッ（アオギリ）は特に大隅地方でよく利用していたようで、高土手などに植えてあるのを今でもよくみる。発芽して三年目がよい。脇芽は除去して一本立ちにする。はぎとった皮を川に二十日くらいさらしておき、扱き箸《はし》で肉質部をそぎおとす。牛馬の綱などに利用したが、雨水に弱いのが欠点であった。その点、雨水に強いのは棕櫚《しゅろ》であったが、摩擦に弱いのが欠点である。

染料として阿久根市脇本では昭和初期までウメ、ヤマモモ、クチナシなどの樹皮で木綿糸を染めていた。中甑島平良《たいら》ではシイ、ヘッコロ（マルハシヤリンバイ）の皮で染めていた。南大隅町佐多田尻ではセイノキ（和名不明）の皮をはぎ煮つめて染料とした。

大正末期まで出水《いずみ》の町には四軒のクヤ（紺屋）があったが、安い紡績糸が出回るようになると経営不振になり、昭和になるころから次々に廃業に追い込まれた。北薩の出水に限らずどこの町にも四、五軒の紺屋があったが、時代の流れにおされて廃業していった。

仕事着と晴れ着　熊本県芦北町《あしきたちょう》白石では夏の仕事着は男女ともタナシを着た。現在のハッピに似ており筒袖で帯を締めた。昔は麻で織るものであり、キビラとも称した。下着として男は褌を、女は腰巻を締めた。

冬にはドンザといって布切れを次々に縫い合わせて厚くしたもので寒さをしのいだ。樵夫《きこり》が木を伐るときの尻当てにもドンザの敷物を使った。ドンザはもともとは漁村である芦北町計石《はかりいし》の人たちが着ていたのをまねたという。潮気をふくんだドンザの洗濯は大変で女泣かせだった。このことはどこの漁村でもよく聞くことである。

芦北町白石では鹿や兎の皮でアッシというオーバーに似た着物を作っていた。普段着としてヌノコがあった。鉄砲袖の丹前で男女とも着た。ヨギ（夜着）は綿入れでヌノコよりも裾が長く、布団の代わりとして寝るときに用いた。出水市切通《きずし》にも真冬の仕事着としてドンザがあった。長着で刺し子にしてあり非常に重かった。子供用のものもあり、雨風の強い時はこれを被って通学用にした。漁村でさかんに使用されていたドンザが切通のような農村に伝わってきたのはそんなに古い時代のことではない。防寒着として、雨具として、寝る時は布団代わりともなったので、漁師たちには大切な必需品であった。

日置《ひおき》地方の漁村では、出漁中に着るものをオッドンザ（沖ドンザ）といって普段着のドンザと区別した。大隅地方の錦江《きんこう》町神ノ川では、ドンザのことをツヅイともいい仕事着のほかに晴れ着用のドンザもあり、正月二日に親方の催す正月祝いに招かれた時などに着た。ドンザのことを東串良町柏原ではシオバレ、指宿《いぶすき》市岩本ではツヅレと称した。

昭和四十年ごろまではどこの漁村でもドンザをみせてもらう機会が多かったが、同五十年ごろになると、ほとんど姿を消し博物館などに収集することすら困難な状況になってきた。この間に家の改築・新築が怒濤の勢いで進行し、無用の長物視され破棄され、焼却された。代わって安くて便利な衣料品や電化製品がこれも怒濤の勢いで市場を席捲《せっけん》したからである。

夏の労働着として南薩地方にはタナシがあり、日置地方から北薩にかけては仕事タナシと名称が変わり、さらに大隅半島になるとニダナシというようになる。いずれも夏用の単衣で筒袖の仕事着である点は同じである。しかし甑島においては、タナシといえば仕事着に限定されずに長着物でも晴着でもいう。タナシはすべて仕事着であるという本土側と大きく違っている。タナシとは本来どのようなものをいうのか今後の問題として残るであろう。

冬の仕事着としてコスギン、またはコシギンが広く使用された。木綿の袷で筒袖になっており、腰下までくる短衣であった。この名称は南薩地方のものであるが、霧島市横川や湧水《ゆうすい》町栗野ではスギンといい、出水地方になるとズイギン、さらに大隅地方ではサスギンと名称が変わってくる。

晴着のことは、ハレギとか、ヨカイショウというのが一般的である。昔はヨカベンゾというい い方もあった。「ゾ」というのは方言で貴重なものを意味する接尾語である。トノゾ（夫）、ヨメゾ（嫁）、コメゾ（米）などという。麦・粟・芋などに「ゾ」をつけることはない。米だけが食料品の中の王者だったからであろう。「ベン」とは「紅」のことであろう。ふだんは暗い色調の中に埋没している庶民生活に色鮮やかな紅の色は希望と憧憬《しょうけい》を与えたのであろうか。

鹿屋市上祓川では晴着のことをカサネといった。甑島ではテラギモンという言葉をあちこちの村で聞いた。普段着よりも少しましな服装で寺に行き、仏の前に額づこうという気持ちの現れである。晴着といってもその家の貧富によって大きな格差があったことはいうまでもない。

普段着のことはジョジュギ（常用着）というところが多かった。阿久根市大川島ではチャノンギ、鹿屋市上祓川ではナガイショといった。

布団など 昔、布団の代わりをしていたものにヨッギ（夜着）があった。前述した芦北町白石の場合もそうである。ヨッギはその名称のとおり夜、炉辺できたりそのまま就寝するものであった。綿入れの筒袖で足首までくるような長いものであった。同じような作りで膝までくるような短いものを丹前（ドテラというところもある）といった。丹前は外出用にもしたが、ヨッギは屋内だけできた。

阿久根市園田では、子供を背負う時の子守丹前、炉辺できる着丹前の別があったが、これらをヨッギの代用とすることも多かった。仕事着としてのドンザをヨッギの代用とすることもあった。ここで被り布団の使用がはじまったのは大正中ごろからであった。敷布団はもっとおくれて昭和二十五年ごろからだったという。このような状況は若干の時間的、地域的な差はあったにしてもだいたいおなじような経過をたどった。

ヨッギのない以前はどうしていたのか。これについては南大隅町佐多田尻で次のような調査ができた。

話者は明治二十五年生れの故老（九十六歳）。

昔のことではっきりした記憶はないが、大正のはじめごろであったと思う。マワイモン（回り者、旅人）が訪れてきて一夜の宿を求められた。なにかの行商人であったろう。こういうことは別に珍しいことではなかった。寝るときに旅人に、「タギンがよいか、ノギンがよいか」と問うたら、「タギンがよい」と答えたので貸してやった。タギンとは稲の藁布団、ノギンとは萱布団である。あまり説明しなくてもすぐに話が通じたので、このあたりを旅なれている人であることがわかった。布団といっても蓆《むしろ》二枚を重ねて縫いあわせたり、叺《かます》の中に藁や萱を詰めたものに体を入れて寝るものであった。萱布団よりも藁布団のほうがはるかに暖かった。「タギンがよいか、ノギンがよいか」という問答は田尻に限らず、佐多地方では昔をしのぶよすがとして長いあいだ語り伝えられてきた。

同じような話を肝付町高山《こうやま》の山村でも聞くことができた。ここでは叺やアンペラという穀物用の袋に藁を詰めてこの中に体を入れてユルイ（囲炉裏）で暖をとりながら寝たという。

褌《ふんどし》には六尺褌と越中褌があった。越中褌はツイダンナともいうが、「吊り手綱」から起こった言葉である。六尺褌と比較すると歴史は浅い。中甑島平良では褌（六尺褌）のつけはじめは十五夜の相撲からであった。この時、十三、十四歳の男の子が着用した。十四歳の男の子はこのあともつけ続けたが、十三歳の男の子は一夜限りであと一年待たねばならなかった。

南大隅町大浜では六尺褌は一むすび千斤の値打ちがあるといわれた。台風接近の場合など十人くらいが褌をしめて背板をあてて船を陸揚げする。この場合、六尺褌でなければ力がでないといわれた。ここの砂浜は急坂になっていて、陸揚げする時は非常に難儀した。

出水市荒崎では秋、農作業が一段落すると萱取りをした。冬の農閑期に蓑を作りおきして、春さきの農作業が忙しくなるころに周辺の農村に売り歩いた。同じ出水市野平も萱蓑の産地として有名で、春さきにあちこちで開かれる市で売り出した。

大隅地方の垂水市新城《しんじょう》、鹿屋市天神、肝付町高山宮下《みやげ》なども萱蓑の産地として有名で周辺に売り歩いた。藁蓑

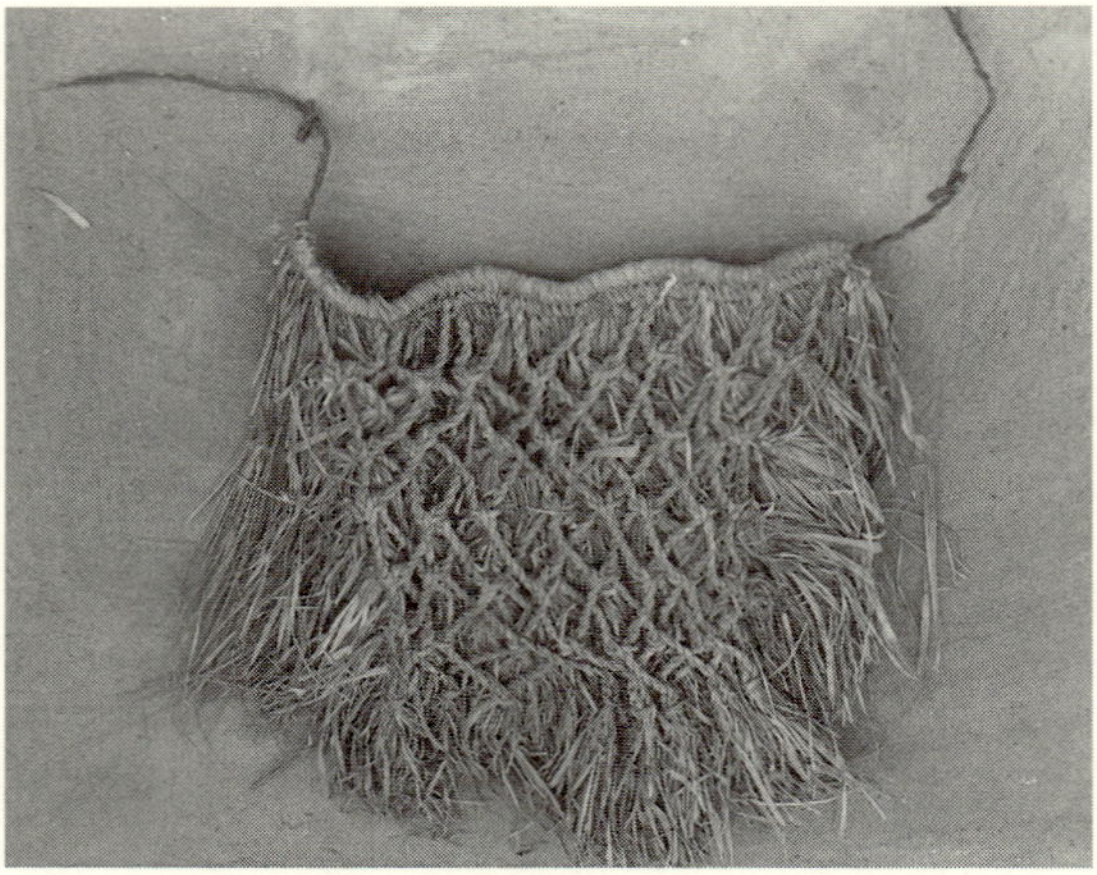

萱蓑　萱の芯は抜き取り、水を打ってしなやかにしておく。庭に竹串を二本打ち込み、これに縄を張り、萱を束ねて引っかけていく。７ダテ、８ダテというのは蓑の幅のことである。体格の大きな人が８ダテだった。（出水市高尾野野平・昭和46年）

もあったが、雨水を含むと重いので萱蓑が好まれた。棕櫚《しゅろ》蓑が作られはじめると、丈夫なので萱蓑に代わって普及しはじめた。

　草履は五日くらいでつぶれてしまうので、雨の日などにたくさん作っておいた。下甑島の手打では郷（約二十戸）の組長から、いつでも使えるように十足くらいは作りおきしておけよと督促された。祭りや市に若い娘が行くときは、草履の緒に白い紙を巻いてくれて華やかさを添えたものである。

衣の忌　物干し竿に乾す時は根元からさして根元から抜いた。ただし七夕竿を利用した場合は、末の方からさしたり抜いたりしてもよいといわれた。洗濯物は北向きに、あるいは西向きに干してはいけない。乾いた洗濯物は一回たたんでから着るようにと、どこでもいわれていた。

　南さつま市笠沙《かささ》大当《おうとう》では子供が夜泣きをすると年寄たちから、洗濯物を夜干ししているのではないか、川や洗濯盥《たらい》に漬けたままにしているのではないかと注意された。曾於市末吉祝井谷《いわいだに》では夜、子供の衣類の洗濯をしてはいけないといわれていた。子供の魂は少しのことでも流されやすいからである。特に夜神さまの霊の力は強いのでこのようにいう。

出針を忌むことも一般的である。大崎町西迫ではどうしても出針をしなければならない時は、「庄屋どんの悔やみに行っ申す」と着物に唾を吐き掛けながら三回唱えればよいとされた。

第二節　食・口ぐらし

口ぐらし　この言葉はあちこちに残っている。「某は大阪に出てから、よい口暮らしをしているそうだ」などと使う。食べることが生活のすべてを代表するぐらい重要であったことをものがたっている。

昭和五十二年夏、さつま町下狩宿《しもかいじゅく》で八十歳過ぎの故老（男）から次のような話を聞くことができた。

イエンツシ（家の空、臼庭《うすんにわ》という土間の上に横木をわたして穀物類を入れた叺を貯蔵してある）に、今でもシイノミを入れた叺一俵がおいてある。飢饉用である。飢饉はいつくるかわからないのだからシイノミ一俵はいつも持っておけよと親からいわれてきた。安政年間（一八五四～六〇）生れの父親だった。今でも山道にシイノミが落ちているのをみると、もったいないと思うことがよくある。高校生の孫たちによく笑われるのであるが。

シイノミ一俵を保存しておく話は、伊佐市大口のある集落でも、肝付町内之浦赤木屋でも聞くことができた。

おなじころ、鹿屋市川東のある集落で九十歳くらいの故老（男）から次のような話を聞くことができた。

自分の家は祖父の代に日置郡のある村から山鍬一丁担いで移ってきた。祖父に何回も日置郡のなんという村だったか聞いてみたが、昔のことでなにもかも忘れてしまったということであった。掘っ立て小屋に住み、山を開墾し芋（甘藷）を食べながら生活してきた（本書で芋とはすべて甘藷のことである）。山津波で田が押し流されたり、アカバラ（赤痢）が流行って村から死人がでたり、そういう話をよく聞かされた。自分も兵隊から帰ってきて年をとって寒い思いをしないようにと山を買った。薪を取るのが目的だった。しかし木は大きくなったのに伐る必要がなくなった。ガスや電気の暖房具で一年中が常夏のようだ。それに加えて米の飯に魚だ、肉だと毎日が正月以上だ。親から教えられた飢饉用の非常食のこともたいがい忘れてしまった。

以上、二人の故老の話を記したが、これに類するような話は鹿児島県に限らず、日本列島のどの地域でも聞くことができると思う。いつか、昭和三十年代を「燃料革命」としてとらえた経済学者の論説を読んだ記憶がある。衣食住のあらゆる面において、このころ革命的に状況が変容したことは疑うことはできない。ここでは、それ以前の庶民階層の食生活がどのようであったのか、を民俗学的立場から迫ってみたい。

昭和二十年ごろまでの一般的な家庭での食事の内容は次のようであった。

朝起きると短時間でチャノコ（茶の子）をとる。前夜の残り物の飯や漬物、ソマゲ（蕎麦団子）などでお茶を飲み、草刈りやちょっとした仕事をすませてくる。このあいだに主婦は飯を炊き味噌汁を作って朝飯となる。貧しい小作農の家では飯は粟七割、米三割くらいが一般的だったようである。芋を小さく切って入れ、少しでも米を節約するところも多かった。飯の前にふかした芋をたくさん食べるのが通例であった。

南薩台地の畑作地帯では、親からよく「口バレに飯を食わんか」といわれたという。お茶と芋で満腹にしておいて、貴重な穀類は最後に少しだけ食べた。

昼食はチュハン（昼飯）というところが多い。田畑が遠ければ往復の時間を節約するために食事を持参する。夏は日が長いので十時ごろにお茶を飲む。これを茶上《ちゃあが》い、タバコ上い、十時ンヨク（休む）などという。

阿久根市脇本古里ではもっとも多忙な夏の農繁期には一日に、最大限、次の七食であった。

茶の子　　午前六時

朝飯　九時
コジュハン　十一時
チュハン（昼飯）　午後一時
コジュハン　三時
イメシ（晩飯）　七時
ヨアガイ　十一時

炊き立ての粟飯は喉を通るが、冷えた粟飯は喉を通りにくかったという話はよく聞く。まだ麦飯のほうがよかったという。おかずは塩魚、漬物、味噌汁などである。おかずのことは北薩ではセェ（添え物）、南薩ではカテモン（加え物）というところが多い。加勢人を頼んでいる場合は団子を作ったり、お金をかけて菓子を準備したりする。北薩では間食のことをマゲモンという。晩飯のことはイメシとか夕飯という。朝は粟飯を炊くことが多いのに、晩飯には麦飯をどこの家庭でも炊くのが一般的だった。丸麦を炊くのには時間がかかるし、水の追加もしなければならないので朝の忙しい時間はさける。女の子ならば小学校四、五年生になると麦飯の炊き方を稽古させられた。

麦飯のおかずはヒヤシル（冷や汁）がつきものであった。擂《す》り鉢に味噌と水を入れて擂粉木《すりこぎ》でよくこねて葱や山椒の葉をうかせて温かい麦飯にかけて食べる。戦時中、精米所で押し麦ができるようになると炊く時間が大幅に短縮されて大助かりだった。

晩飯にはおかずとして魚の煮付け、野菜の煮物、蕎麦などが一皿ついた。蕎麦といっても貴重品で、お祝いや来客用にとっておかなくてはならないので、大根を刻んだものをふかして、代用させ蕎麦そのものはできるだけ少なくした。これを大根蕎麦などというところが多い。

漁村に近いところは、時には新鮮な魚を口にできたが、山村では塩魚などで満足せざるをえないことが多かった。牛や豚の肉を口にすることはほとんどなかった。ただし奄美大島は豚肉を常食していたので別である。鶏の肉は祝祭用として食べることが多かった。鶏は野菜と同じだ、といっているところが多い。冬の夜長には粟納豆やソマゲ（蕎麦団子）などを食べることが多かった。

籾や麦・粟などを精白するには大変な労力が必要であった。これらはおもに女の仕事であった。夜なべ仕事に、あるいは昼食後のわずかな時間を利用して臼で搗かなければならなかった。時にはニセ（青年）たちが組をつくり夜、巡回してくることもあった。冬の夜長など、搗き終わったあと芋などを食べながらお茶を飲んだりした。

出水市野田元町では米や麦をつきながら

今夜も団子汁にソマゲかな

と囃子《はやし》を入れると、

どこもそいそい（どこでもそれだ）

と間《あい》の手が入った。

肝付町内之浦坂元ではどこの家でも昔はサコンタロを利用した。サコンタロは踏臼（唐臼）と原理は同じであるが流水を杓子に受け、それが落下して放水する力を利用するものである。「迫の太郎」と擬人化した名称になっている。大川であると大雨の時などに流されてしまうので小川に設けてあった。和式庭園にある鹿威し《ししおど》の原理を利用して穀類を精白するのである。時には放し飼いにしてある鶏が餌をあさって、この槌に打たれて傷を負うようなこともあった。平成二年に宮崎県小林市の山村でこれをみたことがあるが、ある人が懐古趣味から復元したものであった。村が大きくなると、水車を利用した精米所が設けられるようになった。渇水期の冬は困ったようである。

霧島市横川や湧水町《ゆうすいちょう》には、「山もどいに芋ン皮なし」という言葉がある。激しい山の仕事から帰ってくると芋がおいしくて皮まで残らず食べてしまうという意味である。

甘藷の生産量について、平成三年度の統計資料によると、鹿児島県が一位で約四十七万トン、二位が茨城県で約十六万トンである。本県においても現在は自給的作物ではなくて、商品作物である点で、昭和二十年ごろまでとは大きな違いがあるが、農業に占める重要性は変わらない。甘藷は地味の瘠せたシラス台地におおわれ、しかも毎年台風の襲来に痛めつけられる南九州の地理的風土にもっとも適した作物であった。粟や陸稲（ノイネ）が根こそぎ吹き飛ばされる台風でも、芋はたくましく地下で成長できた。

甘藷は腐敗するのが早いので秋に収穫すると畑の片隅に穴を掘り保存しておく。上には藁や枯れた松葉を置き土をかぶせる。必要に応じて掘り出して食するというやり方が一般的であった。それでも正月を過ぎると腐敗してくる。それをさけるためには芋を輪切りにして蓆の上に日干しする。あるいは簡単な萱葺小屋を作り、何段にも棚を設けて雨にあたらないようにして乾燥させる。このような小屋が村はずれの原ッぱに林立しているところもあった。よく乾燥したら甕に入れておき夏の食料とした。これをイモコッパ・キイガライモなどという。これをササゲなどといっしょに釜でゆで、擂粉木でよくこね団子にしたり笊《ざる》に盛っておく。このような保存の仕方で長い夏の激しい労働の空腹を満たしてきた。

餓えの夏　長い夏の日ということになると、カラナツ（空夏）という言葉に触れなければならない。夏がくると日は長くなり、農作業はますます忙しくなり、食糧が底をついてくる。秋の収穫期にはまだ遠い。盆過ぎの半月間が一番乏しい時期であった。この窮乏期を県下では広くカラ夏と称していた。

半月たつと、ぽつぽつ芋の収穫ができるようになる。南薩台地の真ん中にある南九州市頴娃《えい》では、このころに適雨があることを待ち望んだ。このような適雨のことをウリという。「雨利」という漢字を当てていいのであろう。この雨によって芋は一挙に大きくなるといわれていた。

下甑島平良には、「六月のカレニワ（枯れ庭）」という言葉が残っている。庭は農家にとって穀物などを脱穀し、調整する場所なのにそこが枯れた状態、空になっていることを示している。青物野菜などもこの時期は欠乏した。ここで六月というのは旧暦のことである。

出水市野田元町では、真夏のシラダゴという言葉があった。食べ物が不足して、小麦粉に塩を入れて煮た粗末なものであった。味がよくなく少し自嘲的な意味がこめられていた。こういうものを食べて激しい農作業に耐えた。これもカラ夏のひとつといえる。

「イモといえばなにをさしますか」という問いに対して、「改めて聞かれるとサトイモのことだと答えざるを得ません。しかし、実際はカライモ（甘藷、他県ではサツマイモ）ですよ」という答えが調査集落の大部分であった。北は熊本県八代郡坂本村坊ノ木場《こば》（現在八代市）から、南は南大隅町佐多の島泊まで、このような状況であった。太古の昔から、イモといえばサトイモであった。十八世紀初頭にカライモの栽培がはじまってから、怒濤の勢いで南九州の地は席捲されていった。(3) 飢饉食としてのカライモにまさるものはなかった。三百年のあいだにイモという言葉が、サトイモからカライモへ移行したのである。

イモとは何かと改めて問われると、三百年の時間を越えて沈潜していた記憶がよみがえるので、先ほどの答え方になる。悠久の歴史にくらべたら三百年の歴史は浅いといえるであろう。

本書でもサトイモのことがいろいろな場面で、顔を出してくるので注目してもらいたい。なお、ここでカライモという言葉の使用されている範囲について触れておきたい。熊本県芦北町や、もっと北の八代市坂本では鹿児島県と同様にカライモという。どこまでこの言葉が通用するのであろうか。ある地点から以北になるとサツマイモと変わるのは間違いないはずである。

葦北地方では、「日添《ひぞえ》にはカライモを、日当《ひあて》にはサトイモを植えよ」ということをよく聞かされた。特にコバ（焼畑）についていわれている。日添とは北向き斜面、日当とは南向き斜面のことである。日添、日当がそのまま集落名になっているところも多い。九州山脈縁辺に多く、鹿児島県では出水市―湧水町までで、それ以南ではあまり聞かない。

イモガラは夏の青野菜欠乏の時期に今でも店頭に並んでいることがある。味噌汁や煮物にすることが多い。少しえぐみがあるので嫌う人もいる。

ミガシッは少しこぶりで茎を味噌汁に入れて食べる。少し赤味をおびているのでアカイモというところもある。湿地に自生しているが、もともとは栽培していたものであろう。このような場合をウッセザク（捨て作）という。かつては栽培していたが、今は放置されていて、それでも有用なときに利用することである。

タイモ（田芋）は奄美大島では今でも大量に作られているが、指宿市山川尾下《おさがり》でも昔から作られていた。水さえあれば成長するので砂利の多い荒地などに作られている。昔は正月に、かならず包丁を入れずに煮たものを親元に届けた。今ではほとんど食べない。南種子町島間では茎も根も食べられる水芋をつくっていた。今はまったく食べないが、川べりによく野生している。かつて栽培していたものがエスケープしたものである。

曾於市末吉馬渡で、ある故老（女）から次のような話を聞いた。

明治二十年ごろまでは飢饉になると、スミレの根を蕎麦粉などといっしょに煮て食べた、と祖母から聞いた。スミレの根にはたくさんの子がついていて、親が子を離すものであったという。これは根そのものと、それについているツブツブの子がばらばらになることをいっている。肉体的に弱い立場にある幼児がまず犠牲になるということである。肝付町高山岩屋ではスミレの根を煮る時は七日七夜炊けといった。同町内之浦大浦では正月七日の七日雑炊にはかならずスミレの根を入れたという。昭和初期まではこのような習わしが残っていた。

内藤喬氏の著書によると、スミレの方言として愛知県宝飯郡《ほいぐん》のタロボウジロボウをはじめとして、全国的な方言が収録されている(4)。それによると南九州市頴娃上別府でヒンカッカ、中甑島でスモトイバナと記載されている。子供たちがスミレの花の萼《がく》と萼をからめて引き合い勝負を競うところから起こった言葉である。可憐で優雅に咲くスミレの花には子供の遊びの世界と死の影とが同居していたのであろうか。たしか長野県ではなかったかと思うが、飢饉の時に子供を間引きすることを「花摘みにやっている」と婉曲に表現する方法があった。偶然の一致であろうか。馬渡、岩屋、大浦でスミレの方言を聞いて記録しなかったのは失敗だった。方言は豊かな民俗の世界を引き出す端緒になるからである。

クソカズラ（カラスウリ）は球根を臼でつき水に浸しておくと、澱粉が沈下する。これが食用や薬品の原料となる。熊本県葦北地方では方言でカナヅツまたはカネンポといい、深く掘らないといけないので、親と別れの水杯をしてから行けなどといった。

ユリは現在でも甑島では観光上、産業上非常に重要である。夏になると野生のカノコユリが全島をいろどり、海風に吹かれながら美しい風景をかもしだしている。球根は臼で搗きあく抜きして団子を作って食べた。明治時代には中華料理の材料として輸出された時期もあった。その後、花卉栽培用の種子として横浜の商社の仲介により、おもに米国やオランダにむけて輸出された。中甑島の平良では次のようにしてカノコユリを採取した。

十月下旬の適当な日を二日間だけ、口あけとして区会で決定しておく。月夜は出漁しないのでこの日を口明けとした。早朝四時には合図の鐘をならし、各家庭から二人ずつでることができた。ただし、転入者は二十年間居住し続けなければ、掘る権利はないという規約になっていた。夜明けとともにユリ根を掘る。掘る鍬をユリ掘いトンガといい、幅が三センチくらいの小ぶりなものであった。十二月になり草木が枯れると、野焼きをして翌春の芽だちを助ける。野生のユリを畑に移植すると病気が入ってよくない。

甑島以外の地域でもユリ根を食べるところは多かった。しかし甑島のように本格的なものではなく、鋤きおこした跡を子供たちが拾い集めて、煮てもらう程度であった。

クサギナ　集落の周辺に群落をなしていることが多い。常食から、飢饉食へ、そしてだんだん忘れ去られようとしている。（指宿市開聞下仙田・平成24年）

クサッナ（クサギナ）は独特な臭みがある。春先に若葉を取り、ゆがいて一晩水につけておく。これを乾燥させて甕にいれて保存する。野菜の不足する真夏（カレ夏）に味噌汁にして食べた。広範囲にわたって食べられていたが、南九州市頴娃《えい》志戸《しど》では「上《じょう》の月、トボシ飯に、クサッナン汁」という言葉が伝えられている。きれいな月夜に早期にできるトボシ米の飯と、クサギナの味噌汁があればこれで十分だという意味である。枕崎市でも「トボシ米に小菜ン汁」という言葉が残っている。まことにつつまし

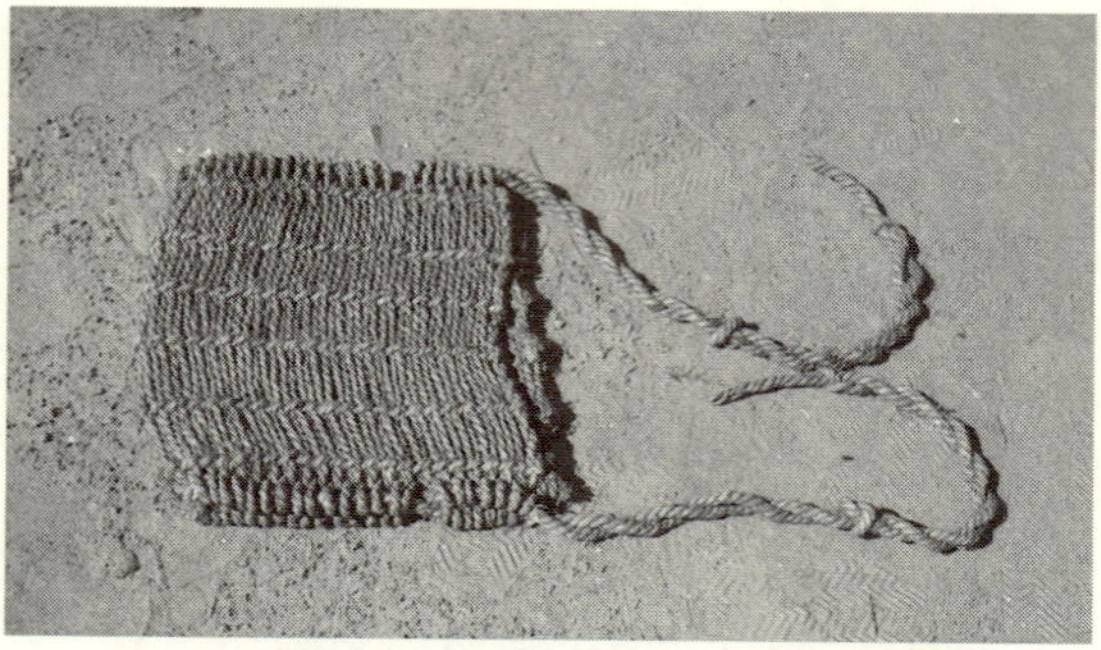
カガイ　小縄であんだ物入れ。農家にとって万能の物入れであつた。（指宿市利永・昭和43年）

い庶民の願望である。

鹿屋市上祓川のある故老（女）の話によると、本年（昭和五十六年）もすでに一回はクサッナを食べたという。クサッナの中でもイソグロという品種がよいので数本を屋敷畑の片隅に植えてある。こうなると半栽培の状態といえる。あちこちの村はずれに野生しているクサギナもかつて栽培していたものの残滓《ざんし》ではないかと推測している。こういう場合もウッセザク（捨て作）といっていいだろう。

肝付町高山《こうやま》岩屋では国有林の大量伐採の跡にはよくクサギナが生えてきたという。そういう時、村の女たちはカガイ（藁製の背負い具）を持って集団で摘みにでかけた。南種子町島間ではクサギナとモハミ（ブダイ）を煮ると、独特の苦味があって最高の味だという年寄が多い。今でも年に四、五回くらい食べないと、気持ちが落ち着かないという人もいる。

南さつま市栗野では和名スベリヒュのことをボンノミン（坊主の耳）という。中甑島平良ではボズミン、指宿市開聞でミンチャバ、同山川でホトケンミン、南種子町島間でスベビイ、熊本県葦北地方でもスベビイという。真夏の畑に自生し、これをゆがいて豆腐や味噌などと混ぜて、ヨゴシ（あえもの）にして食べた。

鹿屋市上祓川のある故老（女、九十歳くらい）から次のような話を聞くことができた。

ここではスベリヒュのことをミミンダという。真夏の畑に水分不足で枯れかかっているミミンダをみつけると、「早くジックイ（水分の多いこと）の田ン圃ん土手に行けよ」と呼びかけた。

また、次のようにもいわれていた。

六月のナガシ（梅雨）にはミミンダは「今年は豊年じゃ、豊年じゃ、チンチロリン、チンチロリン」と喜ぶ。ところが、七月の乾季になると、「今年は旱魃《かんばつ》じゃ、旱魃じゃ、また埃ン中で死んかたじゃろ、チンチロリン、チンチロリン」と鳴くという。

これは人間と自然との対話の世界である。

ホサノキ（クヌギ）の実は霧島市大窪では、よく乾燥させてからドンジ（木槌）で叩いて殻を除き、桶に入れてアク抜きをする。何回も水替えをして取り上げて日干ししてから臼で挽《ひ》く。これを桶に入れて木綿袋でしぼる。澱粉が底に溜まるので干して保存しておく。食べる時には熱湯の中に、味噌もしくは醤油といっしょに入れ、心《ところ》太《てん》のようにして食べた。

コジイの実はアク抜きの必要もなく鍋で煎って食べた。出水市の八幡神社のホゼ祭りには、これを売る店がひとつの名物になっていた。山栗を焼いて売る店もあった。山栗は国有林などに野生しているものを自由に取ってきた。栽培している栗に比べるとぐっと小さかった。

セリはきれいな川に自生しているのを摘んだ。これには日本セリと支那セリがあり、前者がよりおいしかった。あえものにして食べた。葦北地方では山間地のきれいな清流が多くよいセリがとれた。

冬に焼いた萱野に、春先になるとワラビが芽を出す。カガイに弁当を入れた若い男女がワラビ取りにでかける。これをきっかけにして若いカップルができることが多かったという。薩摩川内市中福良《なかふくら》では、ワラビ取りに三度行けば嫁をもらえるといわれた。このような習わしはあちこちで聞くことができたが、川内川流域の入来、宮之城、鶴田などで特にさかんだったようである。

アザミの根は現在でも、種子島ではよく食べている。内之浦大浦でも昔は煮物にして食べていた。今でも（昭和五十五年）正月七日の七草雑炊にはかならず入れる。

タミナ（タニシ）は農薬のない昔の湿田にはたくさんいた。釜に灰を入れていっしょに煮る。何回も箸でかきまぜて泥を吐かせた。次に水洗いして塩もみしてから油で炒めて食べた。

出水市高尾野柴引ではタミナについて次のような笑話が伝えられている。

ある人が田の泥を取ってきて囲炉裏を作った。その中に一匹のタミナが塗り込められてしまった。火を焚いて三年くらいしてから、タミナが這い出してきて「少しばっかい喉がかわいたがよ」といった。泥をたくさん吸い込んでいたので、三年間も火の中で生きておられたというわけである。出水市高尾野尾野島《おのしま》など、タニシが多いところから季節になると売りにきた。

多くの山村では雨の時に山に行き伐り倒してあるシイ、カシ、ユスなどの木をドンジ（木槌）で叩いておく。七日くらいしてから行くと立派な茸をたくさん取ることができた。雨のあとで叩いてもあまり効果はなかった。

錦江町田代では秋口になるとアオキタという北西の風が吹きはじめる。この風のことをタカワタイともいう。渡り鳥の鷹がこの風に乗って南へ旅立つのである。この鷹をドンコ（蛙）を餌にして鳥もちで捕らえる。この時期の鷹は脂がのっていて非常においしい。

鹿屋市獅子目《ししめ》では、飢饉の時に湿田に野生している稗を取って食べたと伝えられている。いつごろのことかはわからない。稗は今でも水田に自生してくることがある。

これら以外にもツワブキ、タケノコ、ミツバ、ノビル、タラノメ、アザミなど、山野には食用になるものが多かった。

食事　食べ物の中身が違うことをクイワケ、クイヘダテ、タテワケなどといい、庶民の家ではきびしく禁止されていた。タテワケという言葉は、衣類でもその他の日用品でも家族内で差別をつけることを意味した。どんなご馳走でも粗食でも等しく食卓を囲むのが大原則であった。

しかし、地主や豪商などのいわゆる分限者の家は別であった。このような家では格差があるのが通例であった。大きな釜で飯を炊くと一番底に米が多く、真ん中に粟、一番上には芋が多くなる。一家の主婦はこれを上手につぎ分けなければならなかった。芋の多いところは下男・下女に、真ん中は女や子供に、米の多いところは旦那（主人）と惣領息子たる長男にとつぎ分ける。これをメイゲドイという。

飯を盛るメシゲの加減によって家族内の身分差を具現化しなければならなかった。このような家庭では、嫁は姑のメイゲドイを見聞しておいて、そのコツを覚えなければならなかった。それには二十年、三十年の歳月が必要であった。このような家になると主人と惣領息子だけは、表の間で高膳に向かって食べるところもあった。庶民の家庭がクイヘダテを禁じ、囲炉裏に向かって談笑しながら食事する風景とはまったく違っていた。

飯を盛るものをメシゲ、汁を盛るものをシャクシと呼び分けるのが本県では一般的である。しかし標準語では違う。杓子を辞典で調べてみると、「飯または汁などの食物をすくいとる具」と説明してある（広辞苑第二版・岩波書店、昭和五十二年）。川端豊彦氏によると「飯をよそう杓子も、以前はさじのように十分くぼんでいたもので、ぼろぼろの強飯が今日の飯のように柔らかくなるにつれて、次第に平らなものになってきたのである」と説明している[5]。さらに川端氏は、「東北地方では飯を盛る方をヘラ、汁を盛る方をシャクシといっている。……ヘラワタシと言えば主婦権の移譲を意味している」と記している。東北のヘラワタシは鹿児島県におけるメイゲドイと同じく主婦権を意味していることになる。両方とも汁を盛る道具ではなくて、飯を盛る道具が主婦権を意味して

サニン　握り飯や団子を包むのに用い、蒸されるとよい移り香がする。（指宿市山川成川・平成24年）

いることは注目される。川端氏によると、九州西部では飯を盛るほうをイイガイといい、主婦権を譲ることを「イイガイを渡す」というから、ここでも飯のほうに重点がおかれていることがわかる。飯が主、汁が従であったからであろう。

箸は山野で食事する時に臨時に作ることがよくあった。南薩地方ではサケギ（境木、ムクゲのこと。畑の境界に植えることが多い）や雑木の枝などを利用することが多かった。使ったあとは折ってから捨てた。そうしなければ狐があとから使うからだというところもあれば、人間は箸をも噛み砕くような強い口を持っているのだと山の妖怪たちに知らしめるなどというところもある。

藁つとは包装用具として重要な役割を果していた。昔、風呂敷は貴重品で藁つとを用いることが多かった。冠婚葬祭のご馳走の残りをこれに包み、土産として持ち帰った。握り飯や粽《ちまき》を竹皮に包むところも多い。南薩地方の頴娃や山川ではサニン（月桃）の葉に包むことが多かった。糯《もちごめ》を蒸す時の下敷きにしたり、団子を包んで蒸したりもした。これらの地域では屋敷の中に一叢ずつサニンが植えてあったが、近ごろはめっきりすくなくなった。便利な化学製品の容器がいくらでも出回るようになったからである。

サニンは南薩地方には多いが、北薩地方にはほとんどない。種子島以南になると山野に自生している。根占地方ではサニンを叩き潰して繊維をとり魚網を作った。

臼はタツノキ（タブノキ）で作るのが最良であった。なかでも芯が化石のように固化したベンタツが最高級品で値段も高かった。それに次ぐのは松の臼であった。古くなった臼は薪にして、杵の音が聞こえる範囲内に配った。これは全国的な風習だった。石臼は新しく作られはじめたもので、曽於市岩川に製造所があり鹿屋あたりにも売りにきた。杵はユスか、カタシ（ツバキ）で作った。

食の忌　生味噌を他人に与えるものではない、とは広い地域でいわれている。味噌は家の大将だから、大将がいなくなったら家がつぶれてしまうなどという。鹿屋市上祓川山外森では、味噌を他人に与えるとデコッドン（大黒さま）の胸がハッガレル（砕け散る）と伝えられている。ただし、火事で焼けた家にたいしては生味噌を与えてもよい、あるいは積極的に与えるべきだというところもある。

また、末吉馬渡ではデコッドンが、味噌樽の中にころげ込むと家が栄えるといわれていた。指宿市山川成川では、蛇が一回味噌の味をしめるとどんなことをしてもやってきて舐《な》め、やがて大蛇になると伝えられていた。生味噌のままでおかずにすることは葬式の時以外は忌むところが多い。北薩地方では、そういうことをする人は穀つぶし（財産潰し）といわれた。

大崎町岡別府では夕方、塩買いに行くことを忌む。鹿屋市吾平《あいら》原田では夕方、塩を他人に貸したり、与えたりしてはいけないとされていた。種子島の西之表では夜、魚を持ち歩く時は塩を一摑《ひとつか》み持て、といわれた。そうしないとガラッパ（河童）に魚をみんなとられてしまうからである。ここでは一人で山に行く時も塩をすこし持てといわれた。

茶よけをするな、とは広くいわれている。人からお茶をすすめられたら快くいただきなさい、ということである。断ると、なにかの凶事に見舞われることが多い。「茶一杯飲めよ」という言葉の中には、人と人をつなぐ温かい人間関係を求める気持ちがこめられていた。一方では、「沸かん茶、立たん客」という諺もある。多忙な時にお客が長居して、こういう場合に限ってお湯もなかなか沸かないので困惑しきっている状態をいう。

第三節　住生活・水と陽光を求めて

萱屋根　鹿屋市の高隈山麓あたりでは、昭和初期のころから少しずつ掘っ立て小屋が姿を消しはじめた。それまでの掘っ立て小屋の柱は腐りにくく、白蟻もつきにくいというのでハゼノキがよく利用された。そのほかユスノキ、クリノキなどもよく利用された。壁も十戸のうち七戸くらいは萱か麦藁であった。床は板でなくて竹を編んだものをならべてあった。畳がなくて莚を敷いてある家が十戸のうち六戸くらいあった。結婚式の時だけ、分限者の家から畳を借りてきたという話も珍しくなかった。馬小屋（牛舎もこのようにいうことが多い）の場合は昭和二十五年ごろまではあちこちに掘っ立て造りが残っていた。

萱屋根を瓦葺きに改築することを小屋替えと称した。終戦直後からはじまり、昭和四十年ごろにはだいたい完了したようである。瓦は薩摩半島の場合は日置瓦、大隅半島の場合は宮崎県串間市の福島瓦が多かった。鹿屋市永野田でも瓦を焼いた人がいたが、土質がよくなくてうまくいかなかった。

肝付町高山岩屋の場合、昭和三十年ごろまでイイエ（母屋）もほとんど萱屋根だった。どの家でも三段歩くらいの萱野をもっていた。だいたい同じ場所にあるので多分、昔は集落共有の萱立《かやたて》野《の》だったのを分割したものであろう。このくらいの面積があれば、毎年葺き替えをするわけではないので不足することはなかった。

岩屋では初霜のくる前に、萱刈りをして二月になると村人総出で、野焼きをした。境には盛り土があるので、境目がわからなくなることはなかった。時には周辺の国有林に延焼することもあった。火は下草や落ち葉が燃える程度で、大木まで焼けてしまうことはめったになかった。火は尾根筋や川で鎮火した。

もっと奥山の稲尾山系では七日七夜燃え続けたこともあった。焼け跡にはワラビや茸類もでてくるし、牛馬の飼料となる草も芽生えてくるので住民にとってはよいことづくめであった。おそらく国有林になる以前は入会地《いりあいち》として住民が自由に利用していたものであろう。大正初期ごろまでは営林署による取り締まりもきびしくなかったが、その後きびしくなった。

大崎町岡別府では屋根葺き職人のことをイブどんといい、川辺出身の人が多かった。イブどんの下には針刺しという助手のような若者が一人ついていた。イブどん二人、針刺し二人が組になって巡回してくるものであった。彼らは長柄の鎌など専用の道具を持っており、仕事もさばけたし仕上げも見事なものであった。完成祝いには粢《しとぎ》をまいた。夜の完成祝いにはかならずコンニャク料理がでた。古い萱のごみを吸い込んでいるのでこれを清めるために効果があるとされていた。

「用夫《いぶ》」とは元来は、薩摩藩において夫役を負担する十五～六十歳の男のことであるが、大崎あたりでは限定的に屋根葺き職人の意味に用いられたのであろう。

同じ大崎町野方曲《のがたまがり》は十八戸の小さな集落であるが、職人を頼まず村のユイ（結い）でおこなった。屋根鋏なども集落の費用で購入してあり、熟達した長老が四、五人いるので、この人たちの指示ですすめた。おそらく岡別府の場合も古い時代は曲と同じようなやり方だったのであろう。

出水市田原は戸数が五十戸くらいであるが、共有の萱立野が約十五町あった。ここでも冬に野焼きをやり新しい萱を育て、翌年刈りとった。刈る日のことを山ン口あけといい、各家から二人ずつでる義務があった。刈った萱は一ケ所に集め、当年葺き替えをする家で分け合った。このやり方を毎年続けるので不公平は生じなかった。阿久根市高ノ口には屋根仕どんという屋根葺き専門の職人が十名くらいいた。年中仕事があるわけではないので農業の片手間におこなっていた。四人くらいで組をつくり、頼まれると川内や出水まで働きにでた。

指宿市池田下《しも》ン門《かど》にも立野という萱の共有地があり、五畝くらいに区画されていた。葺替えを予定している家では十月二十日までに集落会長に申し込むことになっていた。家が大きければ六セマチ（一セマチが五畝）申し込んだ。萱が不足することはほとんどなく、むしろ余るくらいであった。葺替えは組のイイでおこなった。組は同族団で苗字を頭につけて、例えば吉村組などと称した。このような組が下ン門に四組あった。ひとつの組は十五戸弱よりなり、葬式組でもあり、講もこれでおこなっていた。藩政時代のふたつか、三つの門《かど》が合同した組織であった。

萱屋根は耐用年数が十五年くらいであったが、藁屋根は十年くらいしかもたなかった。鹿児島県は水田が少ないので、藁葺きにすることはあまりなかったようである。

新築　大崎町あたりでは加世田大工の評判がよかった。仕事に対してきびしく、弟子たちの躾かたも徹底していると評判であった。

棟上祝いの時に親戚、近隣の女たちが仮装し、酒や料理（煮しめなど）を入れた樽を二人で担いで現れる。ほかの女たちは三味線・太鼓でにぎやかに歌ったり踊ったりする。ヘグロ（鍋墨）を持っている女もいて誰でも彼でも塗りつけて笑いをさそった。これをケンジという。坊津、谷山、隼人、高山など薩隅を問わず広くおこなわれていた。大崎町木入道《きにゅうどう》では地つきケンジ、棟上げケンジと二回もおこなった。奄美市名瀬小湊などではケンぜといい、親戚・知己などが棟上げのお祝いにお金を包んで行った。かつては酒や食べ物を贈っていたのであろう。

ケンジの語源については昭和十年に柳田國男氏が『食物と心臓』の中で鹿児島県や沖縄県、長崎県、島根県の事例にふれながら考察している。(6) 阿久根市折口や同牛之浜ではケンジといえば、兄弟が家を新築した場合にお祝いとして贈る籾一俵のことであった。ところが、出水市六月田や同清水ではこういう場合の籾のことをケンジといわずにカメザケと称した。近畿地方では、ケンズイとは「間食」を意味しており、ケンジの語源になったことは間違いないようである。奈良県では午前中の間食のことをアサケンズイなどと称していた。

これに対して頴娃馬渡や山川成川では、親戚・知己が新築のお祝いとして贈る家具類やお金のことをザッソという。「家つくりのザッソを持ってきました」などといっている。いちき串木野市では棟上祝いに大皿などにご馳走を盛って隣人たちが贈るのをザッソと称した。

柳田氏の前掲著によるとザッソが「雑餉」(ザッショウ)から発した言葉であり、平安貴族たちが旅の帰りの境迎えとして、野外で酒肴に預かることであったという。「餉」という語は音で「ショウ」と読み、「おくる、田畑で耕作している人に弁当を届ける、かれいい、軍糧、旅人の食糧」と説明してある(『大字源』初版・角川書店、平成四年)。串木野の場合のように食べ物を贈るのが本来の姿だったのであろう。同じ語源に基づく言葉が新潟県や岐阜県にも残っていることを柳田氏は述べている。

棟上げや屋根葺替えの時に餅をまくところが多いが、これは新しいやり方で古くは粢《しとぎ》をまいていた。

ここで、昭和三十五年夏に与論島で聞いた新築儀礼について述べておく。

親戚・知己が新築祝いに米、魚、野菜などを贈ることをキンジー(ケンズイの訛り)という。膳に米と酒を供えて棟梁と家主が酒杯の献酬をする。この後、家主が家の内側に、親戚の一人が外側に立って問答をする。外の人がシマグチ（方言）で、「ここの家の四隅はどうなっているか」と問いかける。内側の家主が、「隙間がないくらいに鯨さま、鰐さま、鮫さまが泳いでいるから近づけない」とシマグチで答える。二人とも茶碗に水を入れており問答のたびごとに、口に含んで吐きかける。これを四隅で三回ずつおこなう。したがって一人で十二回することになる。妻が妊娠している人はこの問答に加われない。新築の家に悪霊が入りこまないようにするという。

阿久根市赤瀬川では棟上げ祝いの時に米、塩、酒のほか、昔は小さい餅三六五個をまいていた。これについては次のような話が伝えられている。

昔、ムネという女が死ぬ間際に、自分はこの家の守り神になる。悪い神が天から降りてこないように、家の一番高いところに祭ってくれといった。だから、ムネ女が毎日食べられるように餅を供えるようになったという。ムネという名前は家の棟からきたものであろう。したがって、いい伝えられていることは順序が逆であろう。しかしムネ女がなぜ死んだのか、そのへんの事情がもっと詳しくわかれば、この問題には深い背景があるように思われる。家霊としての女性の姿が仄見《ほのみ》えているようである。棟上祝いはムネ女の葬式とも伝えられていた。

阿久根市脇本瀬之浦ではナンドバジョ（納戸婆）がいると伝えられていた。駄々をこねた子供が「納戸に入れるぞ、ナンドバジョに抱いてもらえ」といわれると、こわさに震えて黙ったという。すぐ隣の古里集落では「納戸ンハオ」といった。ハオとは古い時代の方言で母を意味した。昔の子供たちはこのようなこわい体験をしながら成長した。

どこの家でも納戸は暗く恐ろしい場所であった。同様なことを、阿久根市折口永田下や出水市高尾野柴引でも聞くことができた。納戸は夫婦の寝所であり、出産の場所であり、死を迎える場所でもあった。今でもすべての地域で、死装束はここでさせている。なお、納戸のことを葦北地方ではヘヤという。鹿児島県ではこのような名称はまだ聞いたことはないが、熊本県や宮崎県などでは広くいわれていたと諸書に記されており、中国・近畿地方などにも分布している名称である。なお、ヘヤについては本書「婚姻」の項でも重要な役割を果たすことを述べる。

囲炉裏　ユルイというところが圧倒的に多い。下甑島ではジロ（地炉）と称している。ユルイの正面は横座といい、家長（父親）が座る。これは全国どこでもだいたい一致している。横座の右すなわち客座と向かい合っているところを茶ねんざ、カカ座などといい主婦の座である。お茶の準備などをする場所だから生じた名称である。横座の真正面をキジイ（木尻）、タッグッ（焚き口）、トッジイ（トッという大きな薪の根株をおく）、デカンザ（下男の座）などという。横座の左が客座であり、あるいはムコ座というところもある。鹿屋市串良下伊倉《くしらしもいくら》では縦座というが、これは非常に珍しい（近畿地方では珍しいことではない）。

家長のシンボルとしての横座について姶良《あいら》市加治木では、「いからんでんトッ」といわれている。「怒ることがなくてもトッ（父親）がおれば重しになる」という意味のほかに、「トッという大きな根株が埋め火になっていなくても、存在するだけでも重しになる」という意味が掛けられている。

さつま町宮之城では「燃えん人のトッ」という。高齢になり働けなくなった主が横座にどっかり腰をすえて、にらみを利かせていることをいう。同じような意味で「トッは燃えんでんくべておけ、おやじは役はせんでも座らせておけ」などとだいたい、県下で共通していわれている。全国的にも「役は無役で、座は横座」などという諺と一致している。同じように「横座に坐るのは馬鹿と猫」というのも全国共通の諺である。

何らかの都合でどうしても他人が横座に坐らなくてはならない時には、霧島市田口や同尾谷では囲炉裏に火箸を立ててから坐った。若いころ、それを知らなくて坐ったために村の長老から、「そういうことも知らないでどうするんだ」とこっぴどく叱られた経験を持つ老人もいた。さつま町宮之城渋木でも、そのような場合誰かが「火箸を立ててから坐ってくいやい」と注意したという。

茶ねんざの前には小さい竈《かまど》が作ってあり、味噌汁を温めたりできるようになっていた。その背後には膳棚《ぜんだな》があり、日常使う茶碗、皿、箸などが置かれていた。主婦は家族の飲食の世話のためにたえず動き回らなくてはならない。そのために茶ねんざの畳のつぶれ方は、早いなどと北薩地方ではいわれていた。下甑島鹿島では離婚されることを「デンダナ（膳棚のこと）くじかれた」という。膳棚を管理する権限（主婦権といえる）を失ったという意味である。

下甑島瀬々野浦では横座の正面・木尻のことを何というか確認していないが、ここは仏たちがきて坐る場所だという。仏に対しても家族の一員としての場所を与えているのである。したがってここを粗末にすると年寄たちから叱られた。山をひとつ越えた鹿島でもこのようにいわれていた。それでも一般的には木尻はよくない場所で若い嫁や下男・下女の場所であった。木尻には火棚が置かれているところがあった。ことぼし皿（手燭）、マッチ、雑巾などが入れてあった。風よけや不意の来客に食事の中身をみられないようにという役割もあった。

枕崎市中村では、火棚のことを「嫁女の目引っぱい棚」といった。薪木の尻があり、煙や灰を被る一番悪い場所に若い嫁はおり、すぐに土間におりて雑用を果たさなければならない。席の温まる暇もないのに「嫁は人よりおそく食べはじめて、早く食べ終われ」などという話もあちこちで聞いた。まだ発言力の弱い立場にある若い嫁は、怒りの心情を抑えて目を引ッ張って耐えざるをえなかった。弱い立場にある嫁の心理状態を伝えている言葉である。

そのような母親の心情もわからない幼児は、「煙はあっち行け、馬ン子はこっちけ（こい）」と、父親に抱かれて横座から煙を木尻の方へおしやったという。馬ン子は幼児にとって、愛すべきものであった。

自在鈎のことを方言ではジゼカッという。グミの木の枝の部分を主幹にして幹の部分を鈎にする。これを竹に差し入れるのであるが、竹は葬式の時に棺桶を担いだ竹棒を用いた、と阿久根市脇本古里ではいわれていた。錦江町大根占長谷口でも同様であった。大晦日の夜に甍《いらか》が焼け焦げるくらい、どんどん火を焚けというのはどこでもいわれていることである。この夜は山の神が、人間たちはいつも、山からたくさんの薪を取っていくが、どんなに使っているのか視察にくるというところが多い。今後も薪を貰わないといけないのだから、ドンドン焚けといわれた。

高尾野柴引では先祖の霊がこの火を目印にして降りてきて、自在鈎を伝わって家の中に入るという。一方、本書「蜘蛛女」の項で述べるように悪霊も自在鈎を伝わって行き来した。天上界と地上界の通《かよ》い路《じ》が自在鈎だったのである。棺桶の担い棒で自在鈎を作るという脇本古里の伝承とも符節があってくる。善悪並び存する世間をシンボルしていたといえるであろう。

錦江町田代川原では、「自在鈎を拝む歳にならんと世の中のことはわからない」といわれた。壮年期の多忙さから解放され、囲炉裏端でゆっくりと自在鈎を眺められるようになって、はじめて世間の何たるかが分かるということである。

収納小屋　甑島ではどこでもシノゴヤという。下甑島手打では、奥山に開いた田畑の麦刈りや芋掘りの多忙期になるとシノゴヤに泊まった。竹柱の掘っ立て小屋であった。萱葺きで床には竹を並べその上に蓆が敷いてあった。昭和五年ごろまでこのような小屋を利用していた。これを泊い小屋ということもあった。

手打では海岸にもシノゴヤがあった。数からいえば山のシノゴヤよりもはるかに海岸の小屋が多かった。終戦

石垣　台風の襲来は毎年のことであり、それへの対策を怠ることはできない。石垣のほか、土手や屋敷木も重要であった。（薩摩川内市鹿島〈下甑島〉・昭和39年）

収納小屋　川原に群れをなして建てられている。（熊本県芦北町市居原・昭和51年）

直後のころは百三十棟余のシノゴヤが海岸に林立していた。農具や農産物も置いてあり、ここで脱穀作業などをおこなった。このような小屋は加勢人を三人くらい頼んで素人だけで建てた。掘っ立て小屋なので柱は腐りにくいイタジイを使った。釘は使用せず木、竹、萱を縄でくくりながら作り上げた。台風には弱くよく倒壊したがすぐに再建した。手打の海岸のシノゴヤも昭和五十二年夏にはわずか二棟になっていた。このような小屋は手打に限らず甑島の江石、鹿島、中甑などにもかつては海岸に林立していた。上甑島の里ではおそく（昭和四十五年ごろ）まで、百棟くらいが残っていて独特な景観をなしていた。

　このような収納小屋を昭和五十一年三月末のある日の夕方、熊本県芦北町旧吉尾村でもみることができた。ここは球磨川の一支流である吉尾川左岸の狭い谷底平野に位置しており、十分な脱穀場や干し場を確保できない。

したがって川が曲流しているところにできた平坦地に、十一棟の収納小屋（シノヤという）が建ててあった。屋根は萱、瓦、杉皮、藁、トタンなどさまざまで甑島のように単一ではない。壁は竹を二つ割りにして交互に組み合わせたものが多い。広さは十坪くらいであった。小屋の中には肥料、藁、縄、薪、農具などが入れてあった。ここから少し川をくだったところに、市居原という集落があり、ここにも四棟の同じような収納小屋があった。

　収納小屋を集落の中に作らず村はずれや海岸・川原に作る例は離島や僻村に多かったようである。奄美大島の大和村《やまとそん》大和浜の群倉《むれぐら》（高倉）は早くから有名であり、山を越えた宇検村《うけんそん》須古《すこ》でもかつては海岸に群倉があったという。須古の場合、昭和十年ごろまで海岸に五棟が群れをなして建っていた。牧田茂氏によると対馬や福島県の桧枝岐《ひのえまた》地方にもこのような群倉があったという[7]。いずれも古い時代の残滓なのであろう。

　頴娃御領《えいごりょう》では次のようなことを聞いた。

　小屋はなかったが、海岸線を脱穀場や干し場として利用することがあった。このような場所に対する権利を持つ者と持たない者があった。持たない者は相手の許しを得てからでないと利用できなかった。草分けの家が代々占有権を持っていたのであろうと推測している。

　芦北でシノヤ、甑島でシノゴヤと名称が類似し、立地する場所は川原と海岸と無主の土地である。また、村はずれに群をなして建てるなど一致している。鹿児島本土（甑島の人びとは本土のことをジカタという）では蔵、納屋、馬小屋、小屋ということはあっても、シノヤ、シノゴヤという言葉は聞かない。遠く離れた芦北と甑島とどういうつながりがあるのであろうか。まったく偶然の一致であろうか。

　もうひとつ住居で一致していることがある。それは母屋の間取りにアラケという名称が残っていることである。熊本県では玄関を入った正面の部屋をアラケという場合がある。甑島でも同様にいう。県本土では部屋の名称としてはまだ聞いたことがない。(8)『居住習俗語彙』(第二版、柳田國男・山口貞夫編、国書刊行会、昭和五十二年)によると、伊豆諸島、佐渡、越中などで使われているアラトが南九州のアラケと同一語源だという。いずれも「上がり端の一室」をいうと記してある。さらに「村の入り口又谷の下流を、アラトと謂つて居る土地は飛騨其他に多いから、最初は単に口元という意味で用いられた語であらう」と記してある。

出水地方では山村地帯のことをヤマゲもしくはイナカというのに対して平野村地帯のことをアラケという。ヤマゲとアラケのふたつの地域を結びつけるのが出水の町の役割だったと私は理解している。このようなヤマゲとアラケの関係は熊本県芦北町田浦でも同じである。

「上り端」にしても「口元」にしても、物事の発端、はじまりの場所であった。アラケは道が縦横に走り、座頭も行商人も大工などの職人も自由に往来し、それぞれの生業に精進した(これらの人びとを道みちの人という)。家の間取りとしてアラケも、人間として必要なものを受け入れる口であったといえる。神の支配する納戸の聖なる世界に対して、俗なる世界がアラケであったといえるであろう。

水を求めて　昔から飲み水にも事欠くような場所に生活してきた人びとがいた。枕崎市松崎は水の乏しい別府台地にあった。公民館(昔は青年小屋といった)のかたわらに湧水があり、これを井川といった。少し濁っていたが、冷たくて村の人たちにとっては命の水であった。しかし、晴天が続くと井川の水は涸《か》れてきて不足した。監視人を置いて水汲みの回数を制限することもしばしばだった。一回沸かした風呂水を捨てずに三、四回使うこともあった。

大正末期ごろに隣集落の下山《くだいやま》から土管で水を引いたが、これも水量に限りがありうまくいかなかった。そこで峠を越えて、旧川辺町の小塚山というところからトンネルを掘って導水する工事をはじめた。素人だけで測量もせず、山鍬と畚《もっこ》で掘り進めたが水脈に達することはできなかった。これ以上続けることは、危険だというのでついに中止することに決した。この間、村を二分するような激論がくりかえされた。

しばらくすると、農林省直轄による南薩畑かん事業が具体化されはじめた。これは農地に水を供給するものであって、生活用水には利用できない。しかし水さえくれば何とかなるだろうと村人みんなが喜びにわいた。昭和三十八年になって、市の補助事業として測量もきちんとされ、総延長二千四百メートルの水道事業が完成した。なお、南薩畑灌事業は昭和四十五年に着工して同五十九年に完了し、豊かな農産物を産出している。

松崎の南隣の真茅《まかや》も水に悩まされてきた。谷間に二ケ所の水汲み場があったが、大雨が降っても五日くらいで水がなくなる涸れ川であった。ここに杉の葉、麦藁などを入れて漉《こ》してから汲んだ。これでは不十分なので大木の幹に縄を巻き甕に水を導き入れたり、煉瓦の貯水池をつくったりしたが、根本的な解決にはほど遠かった。飲み水が不足するような時は、海岸近くの白沢集落まで水汲みに行った。海岸線には、台地を伏流していた地下水が大量に湧出していた。三斗樽に水を入れ、馬の左右にうせ（背負わせて）て運んだ。このように水の乏しい真茅であったが、元禄年間（一六八八～一七〇四）の墓石もあり、古くから人が住んでいたことが分かる。別府台地は岩盤が固くシラス台地のように深井戸を掘ることはできなかった。

大隅半島の笠野原台地も古くから水の乏しい地域として有名であった。

いやじゃ　いやじゃよ　笠野原　五十五尋《ひろ》の綱を引く

と民謡にも歌われていた。五十五尋は約八十四メートルになるという。五十メートル以上になると、人力では無理で牛の力を借りた。ゆっくり汲み上げるためには馬より牛が適していた。牛を追う人、水を移し変える人、水を運ぶ人など五人くらいの人手が必要であった。ここに近代的水道が敷設されたのは昭和二年であった。

鹿屋市土持堀の深井戸。葺屋根の下にみえるのは危険防止のための金網。金網の内側に深井戸（64m）がある。（平成24年）

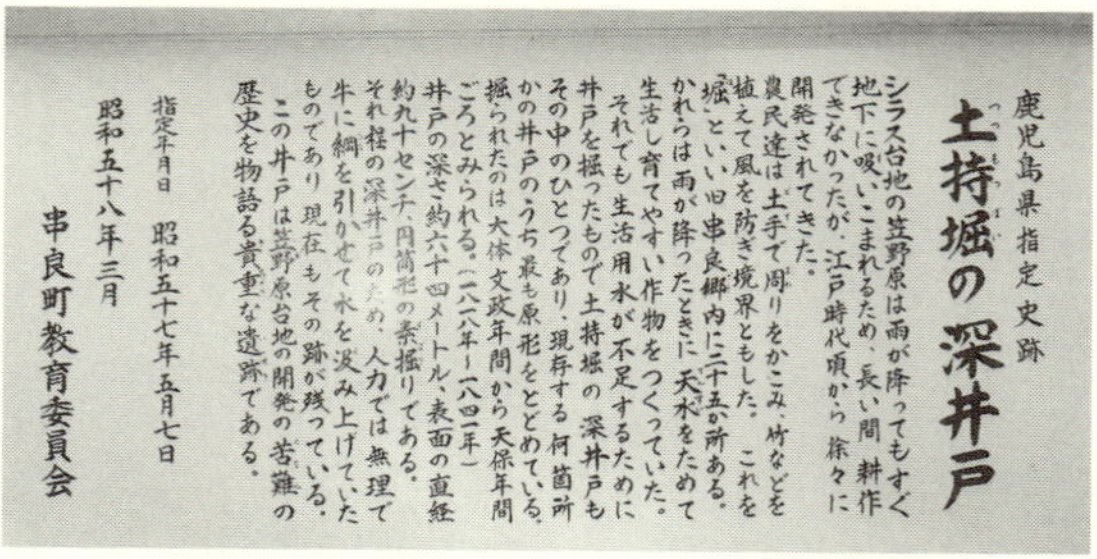

土持堀の深井戸の説明版。なお、串良町は平成18年に鹿屋市に合併されている。（平成24年）

川内《せんだい》から出水《いずみ》にかけての北薩地方で、井戸が掘られはじめたのは明治中ごろからであった。それまでは、井戸を掘ると血が湧きでるなどといってタブー視するところも多く、それまでは流れ川の水をどこでも利用していた。村によっていろいろな制約を設けて衛生面の安全を確保していたようである。

平成五年、さつま町鶴田紫尾三本杉の下からコンコンと湧きでる泉をみたことがある。上流から順に飲み水用、野菜洗い用、洗濯用とセメントで区画され現に利用されていた。水道は普及しているが、デミズ（泉）の持つ柔らかな味わいに優るものはないという村人の話であった。昔の水くみ場の姿をよく残している。

住の忌　「マゴエに足を乗せるな」とはどこでもいわれている。そこに乗ることは、そのうちの父親の頭に乗るのと同じだともよくいわれる。マゴエは屋外から臼庭（土間）に入るところの敷居である。屋外と屋内の境界である。境界を足で踏むことはその家を冒瀆《ぼうとく》することであったのだろう。マゴエは単に象徴的な意味で重要なのではなくて、実質的にも外敵の侵入を防禦する役割を持っていた。屋敷への入り口を、木戸とか木戸口というが、同様な役割を持っていた。

マゴエを「馬越え」と理解するのが一般的なようであるが、私は「間越え」とするのが正しいと考えている。大きな商家などではたしかに品物を運んできた馬を、土間を通らせて裏庭に曳き込む構造になっていた。肝付町高山は藩政時代の古い野町の様相を残しているが、多くの商家がこのような作りになっていた。しかし、民家の大部分をしめる農家の場合、そういうことはありえない。

マゴエについて鹿屋市西之野で次のような話を聞くことができた。

町屋の造り　左の開いているところからマゴエを越えて馬を出し入れした。裏庭に馬小屋があった。（肝付町高山本町・昭和45年）

正月十四日に子供たちが餅を貰い歩く。この時、子供たちは自分の家のデコッドン（大黒さま）を持ってきてマゴエをくぐらせてから臼庭に入った。子供が多いとデコッドンが足りないので、芋や大根で作ったものを持たせるのである。

なぜこうするかは分からない。大崎町岡別府では仔猫をもらってきたとき、マゴエの下をくぐらせてから家の中に入れる。こうすると仔猫が自分の家を忘れなくなるという。仔猫の鼻に自家の鍋墨を塗ると居つくというところも多い。

大崎町西迫では東側をヒオモテといい、便所を作ってはいけないという。芦北町白石でも家の東側に便所を作ってはいけないという。もし作ったら家族の誰かがサスラウといわれた。サスラウとは流浪することで、家族の誰かが居所不明になることを意味したようである。

石敢当　平成時代になっても、信仰はおとろえず、若い人も新築の家に設置している。（指宿市山川成川・平成22年）

鹿児島県ではあまり聞かないが、熊本県ではよく聞く言葉である。

屋敷内に植えることを忌む木はブドウ、ビワ、センダン、イチョウ、フジ、ウベなどである。

三叉路の突き当たり（T字路）は辻の悪い風の逃げ道がないので、南九州では「石敢当」を建てる習わしが広くみられる。平成二十年を過ぎた現在でも、この信仰は生きている。

第二章　生業・山野河海に骨を埋めて

第一節　稲作・男と女の役割

湿田　湿田のことをムタというのが一般的である。出水市野田青木ではユゲタというが、ここは天草からの移住者が多いところなのでそちらの方言が残っているのである。特に深いムタのことを出水市上村西では縁切い田、同市荘《しょう》では耳とい田などといった。奄美《あまみ》市笠利《かさり》では腰までくるような湿田をユビダ、これより少し浅い田をムタといった。ユビダというのは、元来は地下水が湧きでてくる田のことである。ここでは水の出し入れが自由にできる乾田のことをヒーチャダといった。出水市や芦北町では乾田のことは麦田という。いうまでもなく裏作として麦を作ることができるからである。県下では一般的にはアゲタ（上げ田）というところが多い。

鹿屋市吾平《あいら》鶯《うぐいす》では深いムタに子供が落ちて溺れ死んだという話もある。こういうところでは危険を知らせるために竹の先に草をはさんでしるしとしたところもあった。畦《あぜ》に立って体をゆすると、田全体がゆれるところもあったという。ムタで田植えなどする時、田の底に竹や松の丸太を入れて足場とし、作業することはどこでもおこなわれた。

鹿屋市獅子目《ししめ》ではムタを耕すときに丸太を転がす方法があった。田の畦の左右に一人ずつ立ち、杉の丸太を回転させて、生えている草を巻き込んで取る方法である。力がいるので男でないとできなかった。ムタには稲の直《じか》播《ま》きがおこなわれていた。播いたまま田の草取りなどの手入れもほとんどしなかった。

刈敷《かしき》 カシキは化学肥料のない時代には貴重な肥料であった。芦北町宮之浦では麦刈りのはじまるころから雨の日はカシキ刈りに決まっていた。野山の草や木の芽を刈り取ってきて田に入れた。昭和五年ごろから青刈り大豆（カシキ大豆ともいった）を肥料として作るようになってから少しは楽になった。出水地方でも雨の日はよくカシキ刈りをおこなった。

高尾野では独身のニセ（青年）たちに向かって先輩たちが、「中《ちゆ》ノ市《いち》に行ってよか友だちをネズンでこんか」といった。春の彼岸の中日に開かれる高尾野の市は北薩では有名で、大変な賑わいをみせた。人出も多くこの日は、オゴジョ（若い娘）のヒタッくらべ（衣装くらべ）といわれて、華やかな雰囲気に包まれたという。ネズムとは「つねる」ことで、ここでは若い青年が娘をみつけてくることを意味している。いつもは埃と汗にまみれて、しかも村の中に閉じ込められていた若者たちにとって、集団的見合いの場であった。

中ノ市よりも前、旧二月四日に開かれる米ノ津の加紫久利《かしくり》神社の市でみそめておき、中ノ市でゴゼムケ（結婚式）ともいわれていた。

阿久根市馬見塚では、早朝からニセたちは馬を曳いて山野にでてカシキ刈りをした。お互いに競争して、今日は誰が何束刈ったかが、話題になった。カシキ刈りが終わると家族だけでちょっとしたご馳走を作った。ちょうどこのころ、阿久根の港にミズイカが上がるのでメゴイネドン（魚の行商人）が持ってくるのを心待ちにした。

同じ阿久根市折口永田下では、ニセたちはカシキ講といって飲み方を組み立てた。経費は割り勘にしたが、これをハギといった。出水でも割り勘のことをハギという。

鹿児島市郡山大平では一反について四駄入れるものと親から教えられた。一駄が六束なので合計二十四束ということになる。

カシキを田に入れて田下駄で踏み込んだ。ところによっては足駄《あしだ》という。田下駄は杉材で緒はシュロの皮が多い。泥濘の中で作業するわけだから男でないとかなりむずかしかった。カシキはムタにはいれない。入れるとガスが発生して稲が駄目になった。

田下駄　昭和40年代まで肝属川下流域の農家の物置にはよく残っていた。（肝付町高山荒瀬・昭和45年）

井手のせ　種子播きの前に井手のせの仕事があった。井手のせをはじめ田に水を導入するための溝などの作業をタンドという。加治木の地名に「反土」があるが、これから起こったものだろうと想像している。責任者のことをタンドガシラといい仕事を計画し実施した。

薩摩川内市市比野《いちひの》では責任者のことをミゾンメといった。現在はタンドも近代化されて、耕地整理組合とか水利組合となり会則を定め年一回の定期総会を開いたりしている。

井手をのせる（井堰をつくる）ためには石、竹、木などが必要であった。これらの材料を確保するためにタンド山、もしくは井手山という共有地を持っているところが、特に大隅地方に多かった。

曽於《そお》市別府には二町五反、同市竹山には二町三段、同市中ノ内には五反の井手山があった。ここから松の大木を伐ってきて井手のところ

溝あげ　土砂をあげ、流れをよくするためには、こまめな作業が必要である。溝は毛細管のように、水を水田に給している。（薩摩川内市入来浦之名・昭和54年）

に横たえて杭で固定させ、これに竹や木の枝をからませる。中ノ内ではこの時、ツバキ、ツツジ、サクラなどの木は使用しない。なぜ花の咲く木がいけないかというと水神さまであるガラッパ（河童）が花を嫌うからである。ニセたちが知らずに伐ってきて長老たちからよく叱られたという。豪雨などでよく決壊し、臨時のタンド仕事もしなくてはならなかった。

曾於市末吉柿ノ木では井手に横たえる松の大木をオモノイといい、これを伐採し運搬してくるのは大仕事であった。道路沿いでなくて、谷でも崖でも一直線に運んできたという。タンドの男たちの力の見せ場でもあった。鹿屋市上祓川の場合も最短距離を運んできた。ここは井手も大きくオモノイも大きかったので、二日がかりで運搬してくることもしばしばだった。宮崎県串間市奴久見《ぬくみ》には仲間山という共有林があり、ここから木や竹を伐ってきた。松の大木はやはりオモノイといった。

昭和三十年代になると、多くの地域で恒久的で便利なコンクリート製ができたが、藪払い、泥上げなど年三回くらいのタンド仕事は今でも必要である。

出水市軸谷《じくや》ではタンドガシラの下に下触《したぶ》れという役が各集落ごとに置かれて諸連絡に当たった。現在は勤め人が多いので日曜日の早朝おこなっている。欠席者からはムシンといって一定額のお金を貰うことになっている。

水の管理には昔も今も細心の注意が必要である。

種子播き　播く前に種子を叺に入れて三日くらい川につけておく。できれば湧水場所が一番よい。樽に浸しておく場合は日に三回くらい水を入れかえた。苗代田に泥田よりも砂地のところがよい。苗尻が長くならないからである。正月に人の家を訪れてむやみに長居すると、苗尻が長くなりすぎるといわれた。苗尻が長いと苗取りのときに難儀した。これらのことはだいたい、県下どこでもいわれていた。

芦北町内野では種子を播いてから、苗代田の水口の畦《あぜ》にシトギとお神酒を供えた。シトギを鳥が食べてくれると、神さまが受け取ってくれたといって喜んだ。さつま町宮之城舟木では種子を播いた時、柿の葉にシトギを包み苗代の水口に供えた。柿の葉でなくて藁つとに入れて供えるところも多い。

宮之城舟木では明治三十年ごろから苗代で育てる日数は、四十五日苗、三十五日苗、三十日苗と短縮されてきた。機械田植えとなった現在（昭和四十八年）では、十六日苗になっている。

出水市大川内鷺築《さぎやな》では種子を播いてから三十五日で田植えをしたが、もっと山手の青椎《あおじい》では四十五日苗であった。逆に鷺築よりも下流の出水平野の中央部あたりは二十五日苗であった。山間地ほど温度が低く成長がおそいからである。

本書「住居」の項ですでに述べたが、出水地方では山間地のことをヤマゲ、低平な平野地帯のことをアラケという。ヤマゲの種子をアラケへ、アラケの種子をヤマゲへと交換すると収量が増すといわれた。霧島市では山間地のことをイナカ、平野地帯のことをバナカという。鹿屋市では山間地のことをヤマゲ、平野地帯のことをヒロッ（広い）という。いずれも出水と同様に山間地帯と平野地帯の種子を交換すると収量が増すといわれた。

大崎町横瀬では播いてから三日間は半日は水を溜め、半日は水を抜いた。昼間は水を溜め夜間は水を抜くところもあった。風波により種子が一ケ所にまとまらないようにするためである。

田打ち　鹿屋市獅子目《ししめ》では馬を田に入れて歩かせて耕す方法があった。これを語ってくれた故老は昭和五十三年で七十三歳であったが、子供のころに何回か祖父から聞いたという。祖父自身も自分で実行したり、その場面を実際にみたことがあるのではなかった。村人の中で珍しい耕作風景として語り伝えられていたのである。したがっていつごろまでおこなわれていたのか明らかでない。肝付町内之浦大平見《おおひらみ》ではこのような踏耕《とうこう》が明治四十年ごろまでおこなわれていたという。水を溜めた田の中に人が立ち、馬三頭くらいの手綱を握り、ホイホイと掛け声をかけながら歩かせて耕した。手綱を長くしたり、短くしたり、あるいは人が場所を変えてくまなく耕すようにした。近くの侍金《さぶれがん》や江平でも同様にしていた。この調査をしたのは昭和五十四年五月で、話してくれた故老は明治二十五年生れであった。

このような踏耕を内之浦坂元ではホイヨマセといった。ヨマセとは田を泥濘状に耕し、田植えができる状態にすることをいう。ここでは大正初期までおこなっており、三蔵爺さんというホイヨマセの名人の名前もまだ記憶されている。少し離れた内之浦岸良《きしら》ではホヤホヤといった。これも馬への掛け声からきている。このころの馬は現在のものに比べると非常に小さく扱いやすかった。

出水市で牛馬耕がはじまったのは大正初期ごろからである。石川某という人が最初にはじめたが、世間の人びとは、「石川は仕事がフユシカで（難儀なので）あんな道具を買ってきたのだ」と冷ややかにあしらっていた。しかしその成果は歴然たるもので世間の人びとをうならせた。牛馬耕の技能講習会や技能競技会がさかんに行われて飛躍的に生産性がたかまった。指導者には熊本県人が多く農業教師といわれた。

南種子町茎永には馬耕記念碑があり、「農業教師春木敬太郎君　肥後山鹿《やまが》の人也」と記されている。それ以前は人力によっていたので大変な苦労をしていた。鹿屋市串良上小原では三月節供のフツノモツ（蓬餅）を口に入れたらすぐに田打ちにかかれ、と親から言われたという。鹿児島市郡山大平では田植えまでには荒すき（ハエおこし）、くれもどし、中すき、[illegible]とあけ、植えしと、き[illegible]んと六回の耕起などが必要であった。

霧島市桂内《かつらうち》では田植え時期になると、上げ牛の習慣があった。垂水市牛根から四十日くらい、牛一頭を農家三戸で借りてきて共同で使った。借り賃は牛一頭について玄米三俵くらいであった。この周辺の田口、堀ノ内でも同様であった。志布志市有明宇都でも田植え時期になると、同市松山泰野《たいの》のあたりから牡牛《おうし》を借りてきて使い、お金を支払った。

田舟　中に種子籾と肥料として牛糞などを入れて播いた。昔は、深い湿田が多く刈り取った稲をこれに入れて畦畔まで運ぶこともあった。（出水市大川内不動野・昭和47年）

田植え　明治三十年ごろまではどの地域でもミウエ（実植え）、すなわち直播きであった。大崎町岡別府ではコエゾケ（肥料笊）に牛糞、シラス（火山灰）、種子籾を入れて指三本（親指、人差指、中指）でつかみ、七寸間隔くらいで播いた。これをチョンボイ播きという。いちおう、株立てにして播いた。薩摩川内市樋脇村子田《ひわきむらこだ》では田舟に牛糞と種子籾を入れてよく混ぜ、後退しながら播いた。それ以前はもっと粗放的で、ただ種子籾をばら播きにしたという。明治三十年代になると、県のきびしい指導のもとにミウエが禁止され、苗代法が強力に推進された。

　錦江町田代川原では梅雨のころ、山に自生しているコクワ（ネム）の木に桃色の花が咲く。朝十時ごろに咲く花なので、村人はアサネゴロバナ（朝寝坊花）という。この木の一番花が咲いたら田植えをしてよい、三番花が咲くころには田植えを終えておけといわれた。

出水市大川内田原ではマダケの筍が親竹と同じ高さに伸びた時に田植えをすれば間違いない、と親から聞かされたという。「半夏半作」と出水地方ではよくいわれた。半夏までに田植えを済ませておかなければ、収穫量が半分になってしまうのである。さつま町下狩宿では、「ヒシテ（一日）が一ケ月ハンメ（飯米）」といわれた。田植えの時期を一日のがすと、一ケ月分の米の減収になるという意味である。

地火（地に火気あり、種子播きによくない日柄）の日に田植えを忌むのは全国的なことである。しかしいろいろな都合で、この種のタブーを破らなければならないことも多かった。そういうとき、大崎町岡別府では、「知らんこちゃ犬の糞よ」といって平気で無視した。鹿屋市上祓川では「いえばいい不浄」という諺があった。「それは不浄だ」といえば、いったその人が不浄になるというのである。それが不浄であることを知りながら知らん振りをしてやり過ごしてしまえという意味である。実生活を優先させて時代に逆行するような迷信は打破しようという考え方である。

芦北町宮之浦では田植えは一日で終わるように人手を確保した。多いときは二十人くらいにもなった。イイ（結い）でやるので日当を支払うようなことはなかった。この日にはかならず赤飯を作ったという。赤飯はまず山の神にお供えした。山の神は作の神と信じられており、村の背後の山腹に社殿がある。広場もあり、昔はよく相撲をしたり、郷土芸能を奉納した。鹿児島県のような石像・田の神はない。

芦北町古岡は山間地にあり、佐敷などの平地村よりも一ケ月も早く田植えをした。佐敷が田植えにかかるころには、古岡ではガンヅメ（雁爪）打ちをするくらいになっていた。しかし収穫は同じころになった。水温が低いから成長がおそいのである。山間地の田にはかならずヨケ溝があった。冷水が直接田に入らないように溝を迂回させることをいう。ここでは同じ田の水口に近いところに糯《もち》を、遠いところに粳《うるち》を植えることもあった。糯は冷水にも強いが粳は弱いからである。糯は黒味がかっていたので刈る時に間違うことになかった。

苗取りは老女たちの仕事であった。苗をそろえて取るのがコツであった。根のそろわない苗はキノボイ（木登い）苗といって嫌われた。

明治三十年代になると、県の強力な指導のもとに正条植えが推進された。碁竹植え、三角枠植え、梯子植え、綱植えなどの方法があった。持ち運びに便利な綱植えがもっとも普及したようであるが、宮之城では綱植えから三角枠植えに変わった。内之浦坂元では綱など引かず、目見当で植えることをヤンチャ植えといった。

ガンヅメ（雁爪）　田の草を取るだけでなくて、温水を稲の根に注入し、成長を促す役割りも果たしていた。やがて田車に代わった。（薩摩川内市入来毎床・昭和48年）

植えるのは若い女（娘や若い嫁）の仕事であった。植え方がおそいと取り残されてしまう。これを宮之城ではノロガッチといった。ノロとは泥のことで、ガッチとは、「がちんこになる、どうにもならない状況になる」ことである。特に嫁にきたての若い嫁が、これに会うことが多かった。だから夫に対して、「お前の嫁もノロガッチに会っているのではないか、時にはくろびて（みること）みれ」と先輩たちから冷やかされたのである。

未婚の娘たちに対しては「やがてノロガッチに合わないようにしっかり仕事を覚えておけよ」とさとした。植え方が遅いとトタテ（最後の戸締りをすること）といって嘲笑するところもあった。

宮崎県串間市北方屋治《やじ》では、植え方が遅くとり残されることを「ツボに入る」といい、やはり若い嫁がこれに会うことが多かった。ほかの女たちは自分の植え方がすむと、残り苗を故意にツボに投げ込む。その苗が邪魔になってますます嫁の植え方が遅くなる。こういうことが一種の習わしのようになっていた。これと同じようなことが宮崎県南郷《なんごう》町谷ノ口や鹿屋市永野田にも伝えられていた。肝付町内之浦坂元ではこのことを、「砂糖ツボに入った」という。「俺にも砂糖をなめさせてくれんか」といって冷やかす者もいた。

「苗の深植えはよくない。苗の耳を残して植えよ。人間も耳まで水につかると溺死するではないか」と、どこでも教えられた。

苗配りは子供たちの仕事であった。この日ばかりは子供たちが輝いてみえた。南種子町では「縄切れよっかい、人切れ」という諺で子供たちをほめたという。一筋の縄も役立つが、それよりも役立つのは人の子だ、ということである。

芦北町葛俣《くずまた》では明治二十年代までは庄屋どんの田植えをすませてからでないと、他のところは植えなかったという。ここでは田植え歌もさかんで隣の田植え組と歌合戦になることもよくあった。そのような田植え歌を歌える人もまったくいなくなった。

田植えの日に赤飯を炊くところは多い。この日の赤飯だけを鹿児島県ではトッノコという。しかしこの言葉は熊本県の葦北地方にはない。小豆飯とか赤飯とかいう。本県でも他の祝日などのときは赤飯、小豆飯、セッカン飯などという。トッノコのトッとは「時・斎」のことである。

田植えが終わった時はどこでもサノボイをした。さつま町下手《しもで》のある豪農の家では鶏を七羽もつぶすのを慣例にしていた。この家では午後からは筍取りに男二人を山に行かせた。筍のおいしい時期でもあった。地域によってトビウオ、イワシ、イカ、タコなどおいしい旬のものが食膳をにぎわわせた。

品種　四、五年も同じ品種を作っていると田慣れをして収穫量がすくなくなることが多い。そこで品種交換の必要が生ずる。稲に限らず交換をお願いするほうが相手に対して割り増しで支払う。これをノイという。相手から一升貰えばこちらは一升二合を支払うといったようなことになる。

葦北地方では旧二月の初午《はつうま》の日に宮崎県米良《めら》の児原神社にお参りした。この時、籾種子を少し持って行きお供えする。そのかわり、他の人がお供えした籾を貰ってきて、神さまが恵んでくれた種子といって大切に育てた。このようなことは鹿児島県でもあちこちで聞くことができた。

鹿屋市上野芝原では次のように伝えられていた。

田の神は旧十月の子《ね》の日に種子交換の旅にでかける。山や谷を越えて随分遠いところまで行くという。そして翌年の旧二月丑《うし》の日には新しい品種を持ち帰ってくる。だから、旧二月の丑の日と旧十月の子の日に田の神講をおこなって神に感謝するという。

旅の途中でよく稔った稲があったら、三穂だけ失敬してきてもよいというところは多い。ただで貰ってくるのはよくない、一銭でも紙に包んでおいてくるというところもある。「盗んでよいものは作物の種子と子種だけ」というところもある。

ここではトボシについて特に記しておきたい。「唐坊主」という文字をあてるのが普通である。早稲の品種で、草丈が長く赤みをおびていた。冷水や病害虫にも強く、作り損じがなかったので貧農たちにとっては格好のものであった。このことについては、本書「食生活」の項ですでに述べた。米粒は丸みがなくて細長い。粘り気がなくて味もよくない。特に冷や飯になるとボロボロで固くなり食べにくかった。

肝付町高山《こうやま》では、トボシ飯を食っている時は語りかけるなといわれた。語りかけると、粘り気がないので口中のトボシが飛び出してくるからである。したがって商品価値は低く、小作料として納入したものにトボシが混入していたために、受取を拒否されたという話も多い。高山池之園では、大正初期までは多くの農家がトボシを作っていた。そのころ、ある農家は水田四反のうち三反弱でこれを作っていたという。

葦北地方ではトボシという名称を聞くことはできなかったが、それにあたるものはアカダマという品種らしい。その特徴を聞くと、ほとんどトボシと一致している。嵐嘉一氏は、その著書で

東北でも明治末から大正にかけて産米改良の上で他地区と同じ様に赤米混入が問題となりこれを排除することが大きな努力目標となった。

と記している。(9) 赤米は、かつては南九州に限らず広く日本列島で作られていたようである。昭和三十年ごろまでは播いてもいないトボシがよく水田に野生していて、これを取り除くのが大変だったという話をよく聞く。野性的で荒々しく草丈が長いのですぐに見分けがついたという。今でも（平成二十三年）少なくなったとはいえ、トボシは出芽してくる。古い水田に多く、明治以降に開発されたような新田には少い。

奄美大島でホンニといわれる品種が鹿児島本土のトボシではないかと思われる。奄美市住用城《すみようぐすく》では昭和五年ごろまでたくさん作られていた。早稲で赤みを帯びておりねばりけがなかった。ホンニとは「本稲」の意味であろうから、新しく作られるようになった稲に対しての名前であろう。同市小宿ではトオブツ（唐物か）という稲が赤米で、ねばりけがなかったという。古くはこのような性質の稲が奄美地方でも普通であったのかもしれない。

芦北町内野では田植えを終えると泥落しといって、三日くらい仕事を休んだ。そのあとも五日に一日くらいの

割で仕事を休んだ。ただし、牛馬がいるので朝の草刈りだけは休むわけにいかなかった。同町大岩でも田植え後から八朔《はっさく》ごろまでは、「五日まわいのヨケ」といって四日働いて、一日休んだ。日取りは集落で話し合って決めた。

出水地方でも似たような習わしになっていた。ここでは田植え後の休みを泥落しといい、デカン（下男）、メロ（下女）に少し小遣銭を与え、握り飯を持たせて温泉場に行かせたという。漁港の名古によいトキドン（得意殿）を持っている人は魚料理を食べに行き、疲れをいやした。また、ここでは泥落しは嫁女のヨクビ（休日）ともいった。ボタ餅やちょっとしたご馳走を持って実家に帰りゆっくり休むのである。実際には嫁女の洗濯日ともいって、とてもゆっくりはできなかったようである。

高尾野内野々では三日の泥落しのうち、一日はお寺参りをした。これから田の手入れがはじまり、たくさんの虫を殺すことになるので虫供養をしたという。

田の草取り　田の草取りは三回くらいした。株間の泥をかき混ぜるだけでもどんどん成長するといわれた。出水市安原では次のような田の草取り歌があった。

田の草取いはオハラハ
立てば田の神の名を貰う
立つな立っちゅるな
立てば田の神の名を貰う
（石像・田の神は、いつも立ち姿で田を眺めている。田の草取りの手を休めて立てば、田の神と同じである。仕事を怠ける者をさとしている）

田の草取り　除草剤の普及によりこのような風景もみられなくなった。しかし、トボシやヒエの除去のためにこのような手作業が必要なこともある。（さつま町熊田・昭和53年）

同市高尾野江内では次のような田の草取り歌があった。

小原節は股尻がつかる
前ン迫田は腹つかる、腰つかる
江内田んぼの流れの長さ
ユべ（昨夜）のお客の座の長さ
田の草取らせて　田をほこらせて
稲の出穂みてから　出て行けという
（若い嫁の悲哀を歌っている）

出水市朝熊に祭られている祇園神社の神さまは盲目であるという。昔、ここの田の草取りの加勢にきて、稲の鋭い葉先で目を突いてしまったからである。だから稲の成長の激しい真夏に祭りをやってあげるという。

芦北町葛俣《くずまた》では虫追いがさかんであった。十日ぐらい連続しておこなうこともあった。松明《たいまつ》をともすのは子供たちで、大人は鉦《かね》、太鼓をたたいて、川下の隣集落の境まで追って行った。最後の夜は、郷土芸能である臼太鼓踊りをした。同町田川では七夜続けて虫追いをしたこともあった。道路を川下のほうへ追った。虫や病気や悪いものはすべて、川下のほうからやってくると信じられていた。

害虫駆除のため竹筒の底に穴をあけ、そこから菜種油を田に流した。そのあと竹棒で払い、虫を水中に落とした。稲の花が咲いている時は竹で払うと花が散ってしまうので、一株ずつ油の浮いている水をかけた。昭和二十

五年ごろになると除草剤の使用がはじまり、このような労働から解放された、

さつま町下狩宿《しもかいじゅく》では、半夏に煎りものの料理をするなといわれていた。それをすると、夕立の雨が降らなくなるという。もしつくっているのを見つけたら鍋を取り上げて打ち割り、川に流せといわれた。出水市前田でもこのような場合は、鍋といっしょにやっている本人も川に流せといわれた。

収穫　大崎町横瀬では刈り取った稲はイネコズン（稲塚）にしておいた。穂先を中に向けて積み上げ、頂上には藁を笠のようにかぶせて雨よけにした。これをトッワラという。一反について四ケ所くらいのイネコズンをつくった。年末は忙しいので、正月明けの農閑期を利用して千歯扱きで脱穀した。昭和初期になると足踏み脱穀機が流行してきた。

千歯扱き　竹を鋭くとがらせた自家製のものから、鉄製のものへと変わってきた。鉄製は鳥取県倉吉で製造されたものが多い。（出水市武本花立東・昭和46年）

芦北町野角《のずみ》では稲刈りがすんだ時にはカマアガイ（鎌上い）といって家族だけで少しご馳走をつくって食べた。ちょうどおいしいイカの獲れる時期でこれを食べるのを楽しみにしていた。籾すりの終わった時はニワアガイといってボタモチをつくった。

出水平野の水田地帯で反当収量は明治三十年ごろは籾で六俵、大正十年ごろは七、八俵、昭和四十五年ごろは十俵から十二俵穫れたという。肥料や農薬や灌漑施設などの充実によることはいうまでもない。

戦前の地主制度は貧しい小作人たちに重くのしかかっていた。小作料のことはジョノ（上納）というところが多いが、一部の地域で

はスノ（収納）といった。薩摩川内市西方では小作料のことをイレアゲ（入れ上げ）といった。ただしこの言葉は医者兼地主から聞いたものである。収穫量の六割から七割が小作料であった。小作人のところに残るのはアラモトという屑米やコゴメという未成熟の米だけだったという。あるいは藁だけという話もよく聞く。ただし、裏作の麦などはすべて小作人のものとなった。小作米を入れる俵も規格が定められており、冬の夜も小作人たちは、その準備作業で安閑として過ごすことはできなかった。

鹿屋市あたりでは大地主になると、いくつかの集落をまとめて一人の支配人をおいていた。これをコメツ（米頭か）といった。大地主は農業の経験のない場合がほとんどで、コメツに実務的な権限を任せていることが多かった。コメツは小作人に対してにらみをきかせることができた。次の小作人をだれにするか、小作料の減免や延期などの交渉、小作米の検査などについてもコメツのいうとおりになることが多かった。コメツの中には自分の屋敷内に、小作米を一時保管する蔵を持っている人もいた。

戦後の農地改革はこのような地主制度に大打撃を与えた。

第二節　畑作・その多様性

鹿児島県は水田が少なく畑地が多い。全耕地面積に占める水田率をみると約三十三パーセントを示し、宮崎県の約五十四パーセント、熊本県の約五十八パーセント、全国平均の約五十四パーセントに比べても歴然たる差がある（平成三年度の統計資料）。

「田所には嫁をやれ、原どころにはやるな」とは広くいわれている諺である。「原」とは方言で「ハイ」と発音されており、たいがいは鹿児島独特のシラス台地である。水に乏しく地味が瘠せている。現在では大規模な畑地灌漑事業が完成し近代的な商品作物が栽培されているところが多い。ここでは終戦直後まで栽培されていた作物を中心とした農業に注目してみたい。

粟など　さつま町下狩宿ではユリの花が咲いたら粟を播けといわれた。鹿屋市野里ではノイチゴが熟しはじめたら播けといわれた。多くの地域では「土用三日の土がくれ」といって夏の土用に入って三日めに播かれておればよいとされた。ちょうどこのころ、土用雨といって適雨があった。

つり大根　南薩の別府台地は典型的な畑作地帯である。大根を寒風にさらして、乾燥させて漬物製造会社へ出荷する。（枕崎市松崎・平成24年）

しかし、実際は雨が降らず困ることも多かった。そういう時は朝早く種子踏みをして、朝露を地中に踏み込んで発芽を助けた。芽の腰を強くしておかなければ、しばしば襲う猛烈な台風に根からもぎ取られるからである。雨乞いをしたところは昭和三十年ごろまであちこちにあった。

粟は三回くらいフケル（間引きする）必要があった。しかし最初からフケリ過ぎると台風で全滅する恐れがあった。霧島市永水では「ヒッパゲ粟見て叺《かます》打て」といった。ヒッパゲ粟とは「ヒッパゲた粟」すなわち「なくなった粟」という意味で、粟の苗の個体数が少ないほど養分が十分に回り収量が多くなるので入れる叺を作れということである。密植すると豊作になる蕎麦とは対照的であった。

粟の種子　どこの農家でも壁に掛けてこのようにして保存していた。（指宿市山川岡児ケ水・昭和36年）

肝属地方には粟の種子をばらまく植え方もあった。これをマキ粟という。これに対して畝を立て施肥して、播くやり方をツクイ粟といった。キンカンの一番花が咲いたらツクイ粟を、二番花が咲いたらマキ粟を播けという。

　粟の収穫は根抜きして乾燥させてから包丁で穂首を刈る方法が古くからあった。根刈り法もあったが、根株が棘《とげ》になって困ったようである。このような粟も昭和三十年ごろを境にしてまったく作られなくなった。昭和四十六年に枕崎市中原で粟畑をみたが小鳥の餌として作っており、ある商事会社による委託栽培であった。

　高尾野柴引のある故老（男）の記憶によると、昭和五年ごろ、次のような割合で作物を作っていたという。裏作を含む延べ面積である。

稲（五反）	粟（二反）
蕎麦（一、五反）	麦（四反）
菜種子（一、八反）	甘藷（八反）

芋（甘藷）は、出水地方では梨の花が咲いた時、鹿屋市輝北百引ではコブシの花が咲いた時に種子芋を苗床に

入れた。苗の蔓を切る時、竹べらを使っていたが、煙草の芯止め用の小型ナイフを使いはじめてから非常に便利になった。

甘藷が本県の風土に適した作物であったことは前述したとおりである。平成三年の甘藷の収穫量については、本書「食生活」の項で述べたとおりである。平成九年段階で全国の澱粉工場は五十四ケ所あるが、千葉県に五工場、茨城県に二工場で、残り四十七工場が鹿児島県にあるという（石村満宏氏による）。これらの統計資料からも本県農業における甘藷の重要性がわかる。

粟畑　平成時代になっては、ほとんどみられない風景である。（枕崎市中原・昭和46年）

芦北町古石では、弘法大師が日本へ麦の種子をもたらしたのは亥《い》の日だったから、この日に麦を播くと豊作になるといわれた。このことはあちこちでよく聞くことである。

芦北町佐敷本村では銀杏《いちょう》の葉が落ちはじめたら麦を播けといった。ここでは春先にシイの花がたくさん咲く年は麦が豊作になるといわれた。昭和四十八年の春さきは、山々にシイの花が異常なくらいたくさん咲いた。故老たちはこんなにシイの花が咲いたことは記憶にないとつぶやいていた。しかし、このころ麦を作る人は一人もいなくなっていた。

野稲（陸稲）は南薩ではノゴメというところが多い。薩摩川内市市比野《いちひの》ではハイモン（原のもの）といい、種子播きした後、畠の隅に藁で小さい鳥居をつくり、「ハイモン、ハイモン、よくでくいごっ」と唱えたという。

志布志市野神ではクの花が咲いたら播けといわれていた。クの花とは白い花が咲く野茨のことである。大崎町ではホトトギスが、「ほっきょんかけたか、ゴ一つ炊っきゃったか」と鳴くようになったら播けといわれた。「ゴ一つ」とは二合五勺の枡のことで大人、一人分、一食分の米の必要量のことである。鹿屋市上祓川大園では高隈山の若葉が八合目まで芽ぐんできたら播けといわれた。大園よりも川上の方にある柚ノ木では若葉が七合目まで芽ぐんだら播けといわれた。山間地では、より早く播く必要があったからである。

鹿屋市古里では松の新芽が縫い針の長さになった時、同花鎌ではコンニャク芋が芽を出した時、播けといわれた。内之浦大浦ではコクワ（ネム）の木の二番花が咲いたら播いた。野稲も粟と同様に旱魃《かんばつ》でしばしば全滅した。移植法が旱魃に強いということで試みたが定着しなかった。

野稲にもトボシはよく混入したのでみつけ次第抜き取ったが、翌年になるとかならずでてきて、根絶やしにすることはむずかしかった。さつま町下狩宿では野稲はもっぱらムイノ（蒸し野）で作った。草地を山鍬でよく打ち、天地をひっくり返して草を底にする。草が蒸されて枯れるから蒸し野という。ここによく野稲を播いた。粗放的なやり方なので雑草がよく生えた。役人が課税目的でやってくると、草畑で作物はないと主張しごまかしやすかったという。

鹿屋市周辺では大正八年ごろから硫安の使用がはじまり、反当収量が四俵から六俵に増した。他の作物でも同様な効果があり、人びとは薬のように丁重に扱った

蕎麦など　蕎麦植えに行く時、水汲みの人に逢うなとか、水汲みの人に逢ったら引き返してでなおせなどとどこでもいわれていた。霧島市永水では「打っちゃ植えをすっよっかい昼寝せ」といわれた。「打っちゃ植え」と

いうのは、畠を耕してすぐに種子を播くことをいう。耕してすぐはまだ水分が多いので、時間をおいて乾いてから播いたほうがよいというのである。蕎麦の種子は三角形をしているが、その一辺が土に触れているだけで芽を出すといわれていた。南九州市頴娃馬渡では、「ホコレ蕎麦、ヨダレ蕎麦」といった。前半はホコレ（乾燥）の中がよい、後半の花が咲くころに涎《よだれ》をたらす（雨が降る）のがよいということである。

「二百十日の土かぶい」とは、広い範囲でいわれた。「二百十日の実取い、二百二十日の殻取い」という言葉も残っている。二百二十日に播くと、草丈だけが伸びて収穫がよくないという。出水地方では二百十日ごろになると、蕎麦の種子のほうから「土かぶろう、土かぶろう」といいたてるといわれていた。出水市田原では、櫨の木が茂って中にいる鳥がみえなくなったころが播き時だとされた。

蕎麦畑　まっ白い花が山畑を埋め尽くし、秋風にそよいでいるのは素朴な美しさがある。（薩摩町下狩宿・昭和52年）

播く時の畝幅は男の大人の足裏の長さという。種子はできるだけ厚く播いた。薩北地方や出水地方では蝮《まむし》の頭がはいりきれないくらい厚く播けといった。播いてから間引き、除草、施肥など、一切手入れはしなくてよい。播いてから七十五日目の夕食に間に合うとどこでもいわれた。「蕎麦は後見いなし」とか、「蕎麦作って後は鎌」などという言葉も各地に残っている。いずれも手入れの必要性がないことをいっている。

大豆は収穫する時期によって夏大豆と秋大豆があった。秋大豆は昔からある品種で粒が大きかった。夏大豆は鹿屋市吾平あたりでは大正初期ごろから作られはじめた。はじめは栽培方法がよく分からず、うまくいかなかったが、五年くらいすると要領を心得て収量も増した。

柿の木の若葉に大豆三粒を包めるようになった時が、ちょうどよい播き時だとどこでもいわれていた。大隈半島では麦刈りをしないうちに、その畝間に大豆を播いた。麦刈りをするころには大豆が二寸くらいに伸びていた。大豆を穫り入れないうちに畝間に粟を播いた。

大豆打ちは暑いさかりにしないと脱粒しにくいので、大変な作業であった。大隅半島南部ではあまりメグイ棒

ナガボウ(長棒)　蕎麦打ちをしている。杉の枝は反っているので打つのに便利であった。長短大小いろいろと農家には10本以上常備してあった。(肝付町高山波見・昭和51年)

メグイボウ(唐竿)　粟・麦・蕎麦・大豆等を脱穀する。(指宿市山川成川・昭和41年)

（唐竿）は利用しなかった。もっぱら五尺くらいの反りのある杉枝の棒で打った。大隅半島北部から姶良・日置・南薩地方ではよくメグイ棒を利用した。北薩地方になると、大隅南部と同様に棒打ちが多くなった。あるいはヨコベ・オンバ（鬼歯）という木槌に刻みのあるもので脱穀した。

蕎麦が七十五日目の夕食に間に合うのに対して、小豆《あずき》は七十五日目の朝飯に間に合った。このことは霧島市永水で聞くことができた。ここでは、「蕎麦は三角《みかど》にひと角《かど》、小豆は七かぶい」といった。蕎麦のことは前述したとおりである。「かぶい」とは「被る」ということで、種子の厚さの七倍の土をかぶせてあることになる。小豆が厚い土を突いて芽を出してみると、浅く植えた蕎麦はもう花をつけるころである。おくれてしまった、早く大きくならんといけないと、小豆は考えてあっとおもう間に成長して蕎麦を追い越してしまう。だから七十五日目の朝飯に間に合うというわけである。

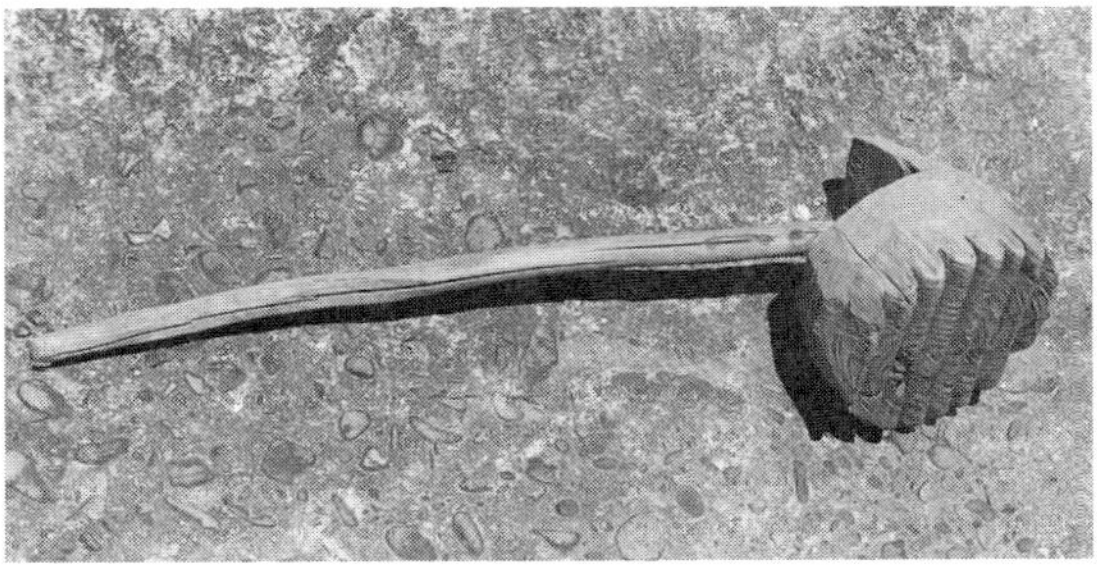

オンバ(鬼歯)　杉の丸太に刻みが入れてある。粟等の脱穀に用いた。熊本県水俣市久木野ではヤマイン（山犬・オオカミのこと）と称していた。（出水市安原・昭和46年）

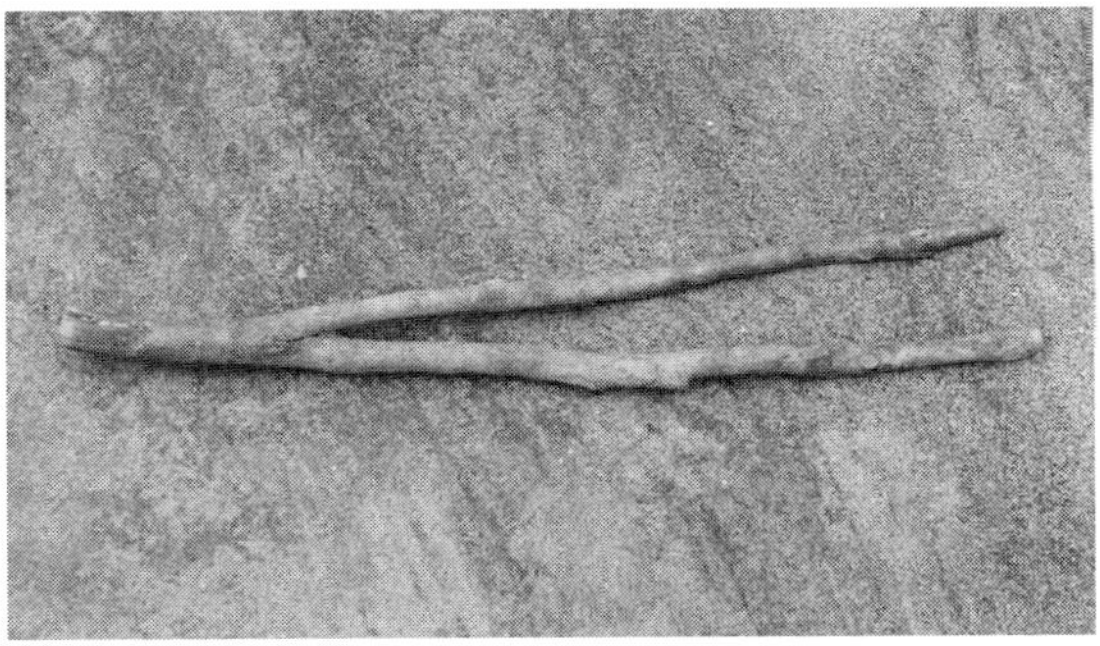

マタボウ(股棒)　アズキやササゲなどは、大量には作らないのでこのような小さい道具で脱穀できた。カシ・ツバキなどの堅木が用いられている。（薩摩川内市浦之名・昭和54年）

煙草など　昭和八年ごろまで在来種の煙草がつくられていたが、アメリカ種（米葉という）

が奨励されるようになり、急激に変わってきた。在来種はイイエ（母屋）につるして、囲炉裏の火を焚き続けた。煙草についている虫が畳に落ちてきて不潔な状態であった。つるしてある煙草の下を、身をかがめるようにして行き来しなければならなかった。特産地として国分、垂水、指宿などが有名であった。出水、指宿、頴娃《えい》には煙草神社がある。

『山川町史』（山川町役場、平成十二年発行）によると、農産物の総価額に対し各作物価額の占める百分比をみると、次のとおりである。

明治三十九年における第一位は甘藷（約二十五パーセント）、二位は煙草（約二十パーセント）であったものが、五十年後の昭和三十一年になると一位煙草（約四十七パーセント）、二位甘藷（約十八パーセント）となっている。煙草がいかに農家にとって現金の収入源として重要な位置をしめていたかがよくわかる。

その煙草も鹿児島県全体で平成二十四年度は前年度に比較して耕作者数が五百五十三戸から二百四十三戸へ、耕作面積で一〇〇八ヘクタールから、五三九ヘクタールへと大激減する見込みになっている（鹿児島県農政課による）。需給バランス確保のためにＪＴが廃作募集を実施した結果である。今やたばこ耕作は大きな転換期に立たされているといえる。

菜種は鹿屋市周辺では、在来種の菜種のことを地ダネ、もしくは単にタネと称した。草丈が長くて六尺くらいにもなった。幹は煙草畑の暴風垣に利用することが多かった。薪としても役立った。笠野原壷屋の人びと（笠野原焼をする陶工たち）が加勢にやってきて、タネの幹を燃料としてもらって帰った。焼き物をする時に役立った。

大正初期に導入されたものをナタネといった。草丈は四尺くらいであった。ナタネのほうがよく売れたので、地タネのほうはあまり作らなくなった。畑作地帯では春先になると、黄色い菜の花が田畑を埋め尽くした。搾油や仲買で成功し地主化した家も多い。これらの地域では、煙草栽培がはじまる前は菜種が農家の主たる現金の収入源であった。

本県の離島（種子島、屋久島、奄美大島）ではサトウキビ栽培が今でも重要な収入源になっているが、ここでは本土においてかつておこなわれていたことについて述べておきたい。

阿久根市脇本の瀬之浦、古里あたりでは、かつてサトウキビ作りがさかんで、大正十二年には搾る工場が十四ケ所あった。牛を追う男一人、サトウキビを歯車にかませる女二人、釜を煮詰める男一人が最低必要であった。年末になると、搾った砂糖を持って区長や世話人が八代市まで売りに行った。村人は高値で売れることを期待して待った。昭和三十年ごろまではほそぼそと続いていたが、昭和四十年ごろになると全廃状態になった。それでも松木功氏の工場は今でも操業を続けていると、『南日本新聞』（平成二十四年元旦）によって報道されている。天保年間（一八三〇～四四）のころはすでに作っていたという。搾り方などについては垂水の人から教えられたとも伝えられている。

出水市切通《きづし》やその周辺の地域で、大正の終わりごろまでさかんに作っていた。六戸くらいでひとつの組を作り、大きな丸石を牛に曳かせ回転させて搾った。釜で二時間半くらいかけて焚き、一日に三釜だった。砂糖は船で八代まで運んで売った。大正七年ごろがもっとも景気がよかった。しかし、大正末期ごろになると、白砂糖が出回るようになり、太刀打ちできなくなり次々にやめていった。サトウキビを作ると地力の消耗が激しいので、甘藷と交互に植えた。このほかに枕崎、垂水、鹿屋、志布志などでも大正時代まで作り、砂糖を搾っていた。

綿は、「中木綿」といって梅雨の真ん中ごろに播いた。多肥を必要としたので、桶肥《おけごえ》（糞尿）に種子を入れてかき混ぜてから播いた。九月に収穫し、冬の農閑期になってから織り方にかかった。大正末ごろまで作っていたが、その後は趣味で作る人を除いては作らなくなった。

コキビは糯のように粘りがあり、餅にも飯にもした。タカキビは粉にして団子を作った。コキビに比べると味が落ちた。芒《のぎ》が赤くて長いのでヨメジョキッ（嫁女黍）ともいった。

昭和初期まではどこでも養蚕業がさかんであった。出水市切通周辺は今は蜜柑園が多いが、それ以前は桑園が多かった。桑園では以前はサトウキビ栽培がさかんであったことは前述した。ここではサトウキビ―桑―蜜柑と換金作物をめざして耕作してきたことになる。

焼畑　熊本県芦北町の焼畑について述べる。いつまで焼畑が作られていたかというと、内野では昭和二十八年ごろまで、小崎では同三十年ごろまで、大岩や漆口では同三十五年ごろまでであった。これは戦中、戦後の一時的な食糧難の解決策としておこなわれていた焼畑が終わったということではない。昔からこの地方に伝えられてきた伝統的な農法、焼畑が終了したということである。このように故老たちは語っている。

焼畑はコバ（木場）という。コバ作りについて具体的にみていきたい。草木を切り払い、十日くらいしてよく乾燥してから火を入れる。火入れの時はイイ（結い）でやるのがほとんどであった。大岩ではこれをイトッとか、テマガエといった。七、八人、多い時は十五人くらい、晴天で無風な日を選んでおこなった。

オバネ（尾根）の風下から火を入れた。お神酒を祭ってからおこなう人もいた。延焼しないように隣の山林の境界は幅二間くらいにわたって草木を切り払った。これをカダチ（火断ち）という。場合によっては、幅一尺くらいを山鍬で打っておいた。長い青柴を持った見張り人を七メートル間隔ぐらいにおいた。特に重要な場所はオバネの左右の隅で、ここに体のよく動く男をおいた。タカンポ（竹筒）に水を入れておき、いざという時に備えた。

傾斜が急で土壌の流出が激しい時は長い木や竹を横たえて肥沃な土壌の流出を防いだ。これをサエギといった。このような風景を旧坂本村（現在八代市）では昭和四十年代によくみた。日当にはカライモ（甘藷）を、日添にはサトイモを作るのがよいことは前に述べた。また、ヒラ（傾斜地）にカライモを、サコ（迫）にサトイモを作った。カライモは常食として大量に作り、サトイモは、秋や正月の祭事に欠かすことのできないものであった。

コバに播く粟はコバアワ、常畑に播く粟はデラアワといった。デラとは平坦地のことである。コバアワは草丈が長く早生で粒は細くて、粘り気がなく味もよくなかった。在来種で品種改良がなされていなかった。収穫期からコバアワのことを夏粟、デラアワのことを秋粟といった。なお、コバアワは火が消えたら灰のぬくもりが消えないうちに播いた。時間がたつと水分が蒸発して発芽しなくなった。翌日に播くとほとんど芽がでないといわれた。播いてから鍬で薄く土をかぶせたり、箒で土を寄せる程度でよかった。播いてから後は間引きや施肥はしなかったが、草取りだけは二回ぐらいおこなった。

小豆は畝も立てずばら播きにした。コバに作る小豆はバカソといい常畑用の小豆に比べていちじるしく小粒であった。

コバを作って三〜四年したら杉の苗を植えた。苗が小さいうちは蕎麦や大豆、小豆などを間に植えた。杉が大きくなったら草丈が長くなり、日光を受けやすい黍類を植えた。

山地主には、収穫物の一部分を寸志程度、納めるくらいですませた。植林する時の労力提供、あるいはその後の藪払い程度ですませることも多かった。山地主が大規模な伐採をしたあとの土地は広すぎるので、五人くらいで組を作りコバ焼きをした。焼いた後を五等分して番号をつけ、くじ引きで耕作地を決定することもあった。かつて、稗《ひえ》を作っていたのではないかと思って聞いてみたが、知っている故老は一人もいなかった。

馬耕風景　畑の荒起しをしている。（南九州市頴娃飯伏・昭和38年）

馬と牛　霧島市上井のようなサトバ（下場《したば》、バナカともいう）には、昔は牛よりも馬が圧倒的に多かった。マンガ（馬鍬）などを引かせて田を耕すには馬の持っている爆発的な力が牛よりもはるかにすぐれていた。サトバはセマチ（一枚の田の広さ）も広いので馬の敏速さを発揮させるには都合がよかった。これに対して霧島市毛梨野《げなしの》のようなイナカ（上場《うわば》ともいう）は、牛を用いた。山間地の急斜面の多い田畑や崖道は動きの速い馬では危険であった。また、セマチが狭いので不向きであった。このようなことは県下で共通していた。

牛は時には歩きやすいように爪を切った。石ころ道を歩かせるときには草履を前足にはかせた。牛は一日に一反二畝くらいを耕すことができた。今の耕運機だと、これくらいは一時間で耕すことができる。内之浦岸良《きしら》では大正時代、牛十頭のうち二頭くらいは赤牛であった。牛にはスクンという鼻から膿をだす病気があり死ぬこともあった。ここでは大きな農家になると馬二頭、牛一頭を飼っていた。

枕崎市下園は水田地帯であるが、ここで馬の売買をする時は実際に歩かせてみて妙な癖がないかどうかを判断した。一番嫌われるのは少しの物音にもすぐに暴れだす馬でビンゴロといった。人に噛みつく（クサバレという）、人を蹴る（ケンキョという）などの癖も正直にいってから取引をした。これらを隠して売ったら、三日以内ならば解約してよかった。

売買の仲介をする博労は、それぞれ得意先を持っていた。これをダンポといった。「檀方」という漢字を当てることができる。檀那寺と檀徒の関係から起こった言葉である。魚売り（ダウイという）と買い手側との関係もダンポといった。得意先のことである。北薩地方のトキドン（得意殿）と同じことである。博労の得意先のことを県下全体ではコヤ（小屋）というところが多い。曾於市末吉柿ノ木ではこれをニワ（庭）といった。博労が口先だけで利に走り誠実さにかけるという話はよく聞く。そのうち三つだけ記しておきたい。

鹿児島市喜入中名《きいれなかみょう》では「バクユ（博労）とイッスッた（行き会った）だけでオカベ（豆腐）一箱損をする」といわれた。大隅地方では「バクユになるにはウソヒイ（嘘をいうこと）の稽古が先だ」といわれた。「バクユのすべくい上がい」とは、県下で広くいわれた。人の家を訪れた博労が茶飲み話に加わり、やがて牛馬の売り買いの話しに持って行くという強引さを批判しているのである。なかには良心的な博労もいただろうにと気の毒にもなる。博労の下働きをするものをカマといい、博労が死ぬとダンポなり、小屋なりを引き継いだ。

駄載《ださい》用の馬にはコイダを入れる。馬の前足とうしろ足を一本棒または綱で左右それぞれ結わえて固定させて歩く稽古をさせる。この歩き方を習得させておくと、荷物をうせた（背負わせた）時に荷崩れを起こさない。だからコイダの入れてある馬は高値で売れた。稽古をつける人を馬サイドンといった。枕崎市別府では板敷に一人、中原に一人の馬サイドンがいた。集落ごとに馬サイバ場という馬場があり、四、五頭まとめて稽古をつけ、十日くらいで終えた。北薩のさつま町あたりでは、これを「イゴッをいれる」といった。

僧侶を馬で送迎したり、重病人を馬に乗せたりすることはあったが、百姓が乗馬する習わしはなかった。ニセ（青年）が乗馬していて巡査に叱かられたという話は、根占と国分で聞いたことがある。ところが、大陸の戦争が激化すると乗馬を奨励するようになった。ニセたちが出征した時に、馬に少しでも慣れていたほうがよいという判断があったようである。馬と軍事はいつの世でも深く結びついていた。

牛馬が逃げ出して田畑の作物を荒らすことがある。その仲裁をする人を、曾於市末吉馬渡では見立て人といった。被害の程度を調べ、お金の支払額などの話し合いを取り仕切った。この周辺では見立て人とか、ウンマクレドン（馬喰れどん）といったりした。

佐多坂元では一月中旬に野焼きをした。村人が全員出動して防火にあたり終日、山が騒動に包みこまれた。春になるとよい草が芽生えてきたので放牧した。囲いはなくて危険な場所には土塁が築いてあった。馬は行方不明になることはなかったが、牛は時たまあったので、綱でつないでいた。

競市《せりいち》は鹿屋まで十三里を歩いて行った。佐賀県あたりからも博労がきて高値で売れたからである。近くの根占にも競市が立ったが、博労が少なくて値がよくなかった。

馬は牛に比べると病気に弱かった。大崎町では大正五年ごろ、馬のハライタ病が流行して大変だった。集落ごとに村の入口に小屋を作り、泊りがけで他地区から馬が入ってくるのを監視した。大正十四年にはヒックイ病が流行した。腰が萎《な》える病気で根占ではコシデラといい農家にとって大変な時期だった。鹿屋ではこの病気は指宿から流行してきたというので指宿病といった。冬の運動不足の時にこの病気が流行った。鉄棒を火で焼き、濡れた布を厚く巻きつけて馬の腰に押し付けるのが治療法であった。飼料の点でも馬は牛よりも飼いにくかった。牛は草だけでよかったが、馬は農繁期には麦などを与える必要があった。

『鹿児島県畜産史』によると、十九世紀初期の薩摩藩における馬と牛の比率は八対二で圧倒的に馬が多い。明治初期になると、七対三となり牛の比重が高くなってきた。大正、昭和とこの傾向は加速され、戦後になると農業機械や運輸機械の発達・普及により馬の出番はほとんどなくなった。全国的にみても、『日本国勢図会』によると、昭和元年で牛約一四七万頭、馬約一四九万頭であるのに対し、昭和四十年になると牛約三一八万頭、馬約三十二万頭となっている。

第三節　山樵・山に生きる

ある山師　昭和五十八年一月、肝付町内之浦馬掛《まかけ》で、ダシヤマシ（出し山師）をしてきた八十八歳の故老から話を聞く機会があった。以下はその内容である。

昔のことはたいがい忘れてしまった。覚えていることだけ話しましょう。若いころ黒添官行に行ったのがダシヤマシの最初であった。こんなおもしろい仕事はないと思って最初から気に入り、それで生活してきた。時に親の加勢で農業の手伝いもしたが、それは片手間仕事みたいなものであった。官行というのは営林署の経営による大規模な国有林の伐採であった。営林署の役人は官員さんといって我われの世界とは違った格上の人たちだった。ダシヤマの頭のことはセンヅ（杣頭）といった。センヅは親方から仕事を請けると、仕事量に見当をつけて人夫を集めた。

ダシヤマシにはナガンボ（流れ者）も多かったが、言葉によって豊後者（大分県）か、紀州者（和歌山県）かすぐに分かった。一応、略歴だけはセンヅに話しておいた。時には警察に追われている者もいたからである。一山の仕事が終わると山替えといってみんな別れ別れになった。同じ山小屋で寝泊りし、飯を食った仲間が次は屋久島だ、細島（宮崎県）だといって別れて行くのはつらいものだった。

肥後の五木に行った時の官員さんは日高さんといい気持ちのすっきりしたよか人だった。センヅは飫肥《おび》（宮崎県日南市）の人で伊平といい、ネス（心根）のよか人で仕事をさせれば宙を飛ぶように早くて立派な仕事をする人だった。焼酎の飲ん方も強かった。みんなをまとめて飲ん方を組み立てることができなければよかセンヅとはいえなかった。だれかが怪我をした、仕事がうまくいかないという時にはすぐに飲ん方を組み立てた。

山で木挽きたちがはつり斧でサメタ（削った）、弁甲材（造船材になる杉）や、クロヤマ（照葉樹林）から切り出したシイ、カシ、クスなどを集め、馬車の通れる道の土場までおろすのがダシヤマシの仕事だった。道具は鳶口とツルッの二本があればよかった。ツルッというのは大木をこじ上げてナルッ（丸太）を入れる時に使った。ナルッに乗せると、これが車輪の役を果たすので大木を土場まで運ぶことができた。ツルッはほとんど宮崎県の延岡製で鶴の焼印が入れてあった。鳶口とツルッを手にとれば、よし今からやるぞという気分が盛り上がり、体にも力がみなぎってきた。

大きな木は木馬で土場までおろした。巨木になると六人がかりだった。怪我をなくするために、あるいは能率よく仕事をするためには歌が重要だった。仮に甲組と乙組に分けると、次のような歌をやり取りしたものである。

甲組　ソラヨーイトコーラ
　　　受け歌ヨーイトヨ
乙組　センヅ掛け歌
　　　せん者はヨーイト
　　　五銭さがい半役や
甲組　ソラヨーイトコーラ
　　　ヨーイトサーノサー

乙組　こんにち　今日は
どげな神の惜しん木でも
浜着きさせんにゃならん

（センヅの掛け歌を受けることのできない者は、日当も五銭下がりの半役だ。今日のうちに、どんな神さまの木でも港まで運ばねばならない）

場に合わせて歌を出せる若者は、間違いなく立派なダシヤマシになれた。歌のなかの「神の惜しん木」というのは、神木《かんぎ》のことでタブでもカシでも遠くからみてあたりを圧倒している巨木であり、このような木をトッギともいった。肝付町内之浦赤木屋では、大木の一番目の枝が北向きだったらカンギ（神木）であるとされた。この場合は斧を立てかけて、倒れたら伐ってはいけない、倒れなかったら伐ってもかまわないという。

仕事のあいだは粗末な小屋を作っていた。これを八方小屋といった。長屋なのになぜこのようにいうのか分からない。谷川に近く日当りがよいデラ（平坦地）に作った。床には丸太を並べ、その上に枯れ草を厚く敷いた。その周りを少し耕して大根や菜っ葉を播いておくと、味噌汁の具として役立った。これをヤッマッ（焼き播き）といった。

雨の日は修羅《しゅら》とばしがあった。山の斜面に丸太を縦に半円弧状に並べて材木を滑らせる。底面には小さい木を並べる。これをトコギという。側面には大きい木を並べてこれをカテギという。継ぎ目は切り込みにして釘や針金は一切使わない。作る時は下から上に作ってゆき、こわす時は上からこわした。修羅作りはセンヅの腕のみせどころで、短時間に立派なものが要求された。

雨の日に修羅とばしをすると摩擦熱が生じなくてよかった。日照りの時にやると煙が生じる時もあった。熱を冷ますためにバケツに水を入れて途中で水を掛けることもあった。これは、駆け出しのコチャン（若僧）のやる仕事だった。だから、晴天が続くと雨が降るようにと、山ン神祭り（飲み方）を組み立てた。ダシヤマシの仕事がない時は、炭焼きに雇われることが多かった。木が小さいので気乗りがせず、仲間たちと嘆きあった。

山のなかで生活しているといろいろな人にであった。猟師は地元の人が多かったが、ガラッパ（河童）や山姫の話などよく聞いた。椀などを作る木地屋の話は大口（伊佐市）でたしかに聞いたことがあるが、詳しいことは忘れてしまった。

筏流し《いかだなが》　球磨川左岸にある芦北町白石は、昔から筏流しのさかんな土地だった。筏流しは年中はないのでほかの農林業もおこなった。夏は鮎捕りもさかんにおこなった。

筏師は白石に二十人くらいいた。ベテランをホンショク、若い見習いをトビノイといい、この二人が一つの筏に乗った。鼻にホンショクが乗り、ケイタという舵取り用具で操作した。トビノリはうしろに乗りケイタを操作したが、こちらは筏を前進させたり岩に激突するのを防ぐのを役割とした。

筏を組み立てるのはすでに現役を引退した長老たちの仕事だった。カンネンカズラで頑丈に結束した。筏は、午前三時には出発した。したがって女たちは、午前二時には起きて飯を炊き弁当を準備しなければならなかった。午後二時ごろ、八代に着いた。帰りはケイタを担ぎ汽車で帰ってきた。八代から米を買って帰ることもあった。大雨のあと、増水して流れが早い時は一日に二回往復することもあった。

忙しい時は月に十五回くらい乗ることもあった。材木の持ち主で雇い主のことは、ヤマガタ（山方）といった。流すのは杉が多かった。松は坑木として貨車送りしていた。戦時中、朝鮮の鴨緑江まで筏流しの出稼ぎに行った人もいた。昭和二十九年、球磨川の荒瀬ダムが完成し、筏流しはできなくなった。

木挽き　南さつま市田夫施《たぶせ》は木挽《こび》きの多いことで有名であった。ここのある故老（明治三十二年生れ）によると、父も兄も木挽きであった。家を留守にして山にこもって仕事をしていた。兄は嫁を貰ってしばらくして、熊本県球磨郡の大河内というところで、土場の材木が崩れてきて死んでしまった。故老は小学校高等科を卒業して、すぐに父に連れられ伊作峠《いざくとうげ》を越えて行ったのが初仕事だった。峠には蕎麦屋が三軒あった。鹿児島で一泊して、翌日汽車で国分まで行き、そこから宮崎県の小林まで歩いた。どの道を通ったかよく覚えていない。背負っていた柳行李の重かったことはよく覚えている。

それからあちこちの山で木挽きをしてきた。農繁期には田夫施に帰ってきて農業をした。戦後しばらくしたら目を悪くして木挽きをやめた。目が悪いと鋸の目立てができない。木挽きは目立てができなければ勤まらない。

南さつま市大坂扇山《だいさかおうぎやま》も木挽きが多かった。弟子入りして三年すると、ひとり立ちできた。その時はヒマトイ祝いといって師匠や弟子仲間を呼んでご馳走した。曾於郡から都城、小林、人吉などをよく回った。鋸はいろいろあって木挽きにとって生命であった。目立ては自分でしたが、時には焼きを入れる必要があり、これは鍛冶屋に頼んだ。町に降りてきて鍛冶屋に焼きを頼んでいるあいだに、うどん屋で魚の煮付けなどで焼酎を一杯飲むのが何よりの楽しみだった。

木挽き道具　弁当等と一緒にカガイに入れて運んだ。（阿久根市大川・昭和41年）

勘場《かんば》というのは山仕事の事務所である。米・味噌などの日用品もここをとおして仕入れた。これらの物を持ち込む業者を諸色屋《しょしきや》といった。馬にうせて山道を運んできた。郵便物は、○○勘場某のあて先で届けられた。盆・正月にはかならず家に帰った。この時は情報交換の好機会であり、センヅが走り

鋸の目立て　木挽たちは、自分で目たてをしたが、これを専門にする人もいた。（阿久根市西目・昭和43年）

回り人集めをしたり、次の働き場所を探したりした。

山に生きる　鹿屋市吾平《あいら》神野《かみの》は稲尾山系につながる山間地にあり、清冽な水の流れが村をうるおしている。山は豊かな照葉樹林におおわれていて、昔から炭焼きの材木が多かった。豊後から、日向から渡りの山師たちが炭焼きにやってきた。彼らはカレコ（背負梯子）を常用するのでよく目立った。地元の人は背負い縄を使うので対照的だった。少数であるが、そのまま神野に住み着いた人もいる。これを「ワラジを脱ぐ」といって、村の有力者に頼み、焼酎を一本出して村入りした。

錦江町田代では国有林の払い下げを受けて炭焼きをさせる人をギンシ（銀ン衆）といい、そこに雇われる働き手のことをヤマコといった。焼いた炭はすべてギンシに納め、出来高に応じてヤマコたちは報酬をもらった。ここでも勘場元があり、日用品が支給され、最終的な収支決済をした。

南大隅町山本のある故老は、長く地蜂を飼っていた。高齢になり十分な手入れができなくなったので、一箱を残しほかは売り払った。手入れをしないとスムシ（うじ虫）がついて、死んだり逃げたりする。春先になり女王蜂が生れるとすぐに、ケネワカレ（家内別れ、分家）をする。一番別れ、二番別れなどという。ケネワカレをする気配がある時はホースで水をかける。羽を濡らすことにより、遠くに飛んでいけなくするためである。

蜜は旧四月二十四、五日ごろの夜に取る。このころを過ぎると、櫨の花の蜜を吸い取って苦味がでてくる。闇夜に蜜を取るのは、月夜だと蜂が逃げてしまうからである。

大隅半島の山にはいろいろな人びとが行き来し、さまざまな物が存在した。舟の櫓になる材木を探すのは阿久根の人たちだった。ユスノキは倒れて腐っていても芯は残っている。これをスンケといい女の櫛になった。これを探すのは蒲生の人たちだった。ナバ（きのこ）取りは豊後、樟脳焚きは伊集院、ヒラギ（標準語で枌《そぎ》）割りは谷山の人たちが多かった。ヒラギは杉の丸太を二つ割りにして鉈で一分くらいの厚さに割る。

炭釜　衰退していたが近年、復活する話をよく聞く。炭火の持つやわらかな暖かさが人気の的である。（鹿屋市吾平神野・昭和54年）

ほかにも有月材として奥山に多いチャノキは傘や家具に。タブノキの皮からは線香の材料がとれた。ブフノキ（和名不明）は白蟻に強いので沖縄に向けて船積みされた。奥山にはクワノキの大木があり、薩摩琵琶の材料になった。カシ類だけでもシロガシ（鍬の柄）、イチイガシ（舟の櫓）、アカガシ、クロガシ、ハトガシ、イソガシと五種類もあり、おのおの特徴と用途があった。

これらはほとんど国有林にある。それを自由に取っていた。時たま営林署の役人が巡回してきた。これを官人さんとか、山官とかいった。庶民は山草履なのに官人さんは地下足袋だったのですぐに区別がついた。「主簿」という規則書をみんなに読み聞かせることが時どきあった。枯れ枝一本取ってはいけない、という内容だったがあまり効果はなかった。

昭和十五年二月に佐多地方を調査旅行した宮本常一氏は、

私もまた歩き出す。打詰から大浦へは道も細くなる。それが草に埋もれようとしている。しかし、しばらく行くと美事な闊葉樹林になる。国有林らしい。営林署の標語杭が恐ろしく多くたっている……盗伐を戒めたもの、焚火・煙草の火をいましめたもの、山林を愛することは国を愛する事だともある。もともとこのあたりは盗伐の多かった所であろうか。もともとコバ焼などしていたので、そういう風が村人から消えないために、こうして標語で戒めているのであろうか。ただ、あまり人も通ることもないこの道に、あまりにも夥しいこの杭は心をさびしくさせた。

と、記録を残している。(10)

肝付町内之浦赤木屋では神社の鳥居を山から伐ってくる時は、「奥山一のヨンゴグレキ（曲がりくねった木）」とけなし、建てる時は、「奥山一のよか木」とほめたという。

第四節　狩猟・山野を跋渉《ばっしょう》して

ある狩人　鹿屋市郷之原《ごうのはら》では猟師のことをヤマト（山人）と称した。明治三十一年生れの郷原さんは二十歳の時から狩りをはじめた。父も祖父も猟師だった。犬は多い時は六匹持っていた。犬の鳴き声をウナギという。これが大きくないとどこで獲物を追っているのかわからなかった。ウナギの大きいのはビーグル種の雑種だった。

イノシシは犬に追われると、犬をおどしてから逃げようとする習性がある。牙をキリキリすりあわせて犬をおどす。犬はイノシシと向かい合って尻尾で木などの障害物があるかどうかを探る。襲われた時の逃げ道を探しているのである。したがって犬の尻尾は盲目の杖だといわれていた。犬が猪の牙に刺されて腸がはみ出してくるようなこともよくあった。こんな時に水を与えると、簡単に死ぬことがあった。だからこういう時は水をやらないようにした。

　ニタ待ちをすることもよくあった。ニタとは、水が湧きでるような粘土質の湿地で、イノシシがここに入りのたうち回って皮膚にできた虫などを駆除する。ニタの近くの樹上五メートルくらいのところに棚を作り、そこに鉄砲を持って待ち構える。このくらいの高さになると匂いがしないのかイノシシが近づいてくるのである。地下にガマ（穴）を掘り身を隠して、銃を構える方法もあった。マブシ（イノシシの通り道）に芋をおき、二、三回食わせて安心させてから撃つ方法もあった。

イノシシの頭　野山を駆けめぐっていたころの雄姿をしのぶことができる。（鹿屋市郷之原・昭和45年）

　イノシシをしとめたら笛を吹いて、みんなを集めて評定をする。ある人は頭を、ある人は腹を狙ったと主張する。獲物を出して判定する。最初に当てた人を先勝《せんしょう》という。先勝の人が耳の下の肉を、五歳のイノシシならば五本指の幅だけ、三歳ならば指三本分だけ取ることができる。犬の持ち主には尻尾の肉を与える。残りの肉は平等に分ける。分け前のことはタマシという。山の神には、心臓に塩を振りかけて焼酎と供える。

　行き先は高隈山が多かったが、長いあいだには都井岬や開聞岳あたりまで行ったこともある。背中にカガイ（藁製の背負い袋）を負い、その中には鍋、米、味噌、鉈、ヤマカラシ（山刀）などが入れてあった。泊まる場所は岩陰などを利用した。

山の地理はよくわかっているのに、時たま今までみたことのない風景にであうことがあった。そういう時にはわざとエヘンエヘンと咳払いをしてから通るという。そうしないと、ゲンツドン（河童か）を怒らせるからである。ゲンツドンを怒らせると悪い病気にかかるといい、次のような経験もした。

山で寝ていると木を伐る音がして今にもこちら側に倒れてくるような気配であった。しばらくするとイノシシが十匹も走り回っているような具合であった。だが、犬はスヤスヤと寝ている。これは明らかにゲンツドンの仕業だと思って、この夜は眠れなかった。ゲンツドンに行き会ったら手の平でなく、手の甲で「どうか通してください」と押すと通れる。手の平で押すと「俺に触ったな」といってゲンツドンが怒り出すという。または、ノノカンジョ（呪文）を唱えたらよいともいう。

先に狩人　後に狩人　その真ん中に

あたい（私）が失礼申した

アブラケンソワカ　アブラケンソワカ

と唱えながら手を合わせ、うしろに一回、前に一回、息を吹きかければよいという。ゲンツドンは河童だという人もいるし、まったく別のものだという人もいる。実際にみた人は誰もいない。

焼き狩りなど　肝付町内之浦大浦では大正中ごろまで焼き狩りをおこなっていた。昔から広大な国有林を入会地として利用していたので、冬になると火を放つ。火は冬の場合は何日も燃え続けて自然鎮火を待った。イノシシ、シカ、タヌキ、アナグマなどを鉄砲で撃った。ここではあまり犬は使わず、女・子供も参加させた。山草履をはいて子供の時から山野を走り回り、知らず知らずのうちに山の地理や生活を体得した。ここではイノシシを獲ったら鼻を切り取って山の神に供えた。だからこの周辺では、大浦で捕れたイノシシは鼻が切り取られていたのですぐに分かった。

シカの場合は、角を山の神に供えた。ここの山の神は川の中州に祭ってあった。シカも昭和三十年ごろまではよく獲れた。昭和四十五年ごろまでは稲尾岳あたりで糞をよくみた。現在（昭和五十三年）もまだシカがいるはずである。この肉は固くて匂いが強く、あまりおいしくない。皮もあまりよい値段では売れなかった。

ムササビのことは方言でモマというが、皮が高い値段で売れた時期があった。日給五十銭のころ、モマ一頭の皮の値段が三円もした。一晩で二十四頭も獲って、いい思いをしたこともあった。アナグマは今でもよく獲れる。タヌキもいるが匂いを嫌う人が多い。普通は味噌ころばしで食べる。皮は今でもよい値段で売れる。大浦では農業が中心であったが夏の海漁、冬の狩猟も重要な生活手段だった。

出水市武本の上屋、清水、野添などでは、大正時代の終わりごろまで山の神講の時はかならず狩りをおこなっていた。旧二月十六日と旧十月十六日の二回である。おもにイノシシ、ウサギを獲った。昔は山林・原野が広く獣も多かった。だんだん開墾がすすみ田畑が広くなると、獲物も少なくなってきたので講の三日くらい前から山に泊まりこんで狩りをした。紫尾山を越えて宮之城や東郷まで行くこともよくあった。イノシシが獲れた時は小原集落まで降りてきたところで、空砲を三発撃った。そのほか、阿久根の山村や大隅の田代・内之浦でも山の神講の時はかならず狩りをした。

第五節　漁業・河海に生きる

川漁　出水市大川内は米ノ津川の上流に位置して谷が深い。夏になると男たちは、鉄ハンマーで川の石を強く叩く。すると川魚が仮死した状態で浮いてきた。真夏の日中の涼を求めての川遊びでもあった。ウケ（筌、細い竹を筒状に編み水中にしずめる）もさかんに利用した。初夏から秋にかけてが漁期で、十メートルおきくらいにひとつのウケが設けられていた。この場所をウケアバといった。アユ、ハエ、コイ、エビ、ウナギなどが捕れた。海に遠い人びとの食生活にいろどりを添えた。カニは十月にならないとおいしくない。カニの筌口は入口を上に向けるのに対してウナギの場合は下に向けた。エビは柴漬けにして網ですくって捕った。

芦北町大岩でも玄能《げんのう》で川石を叩いて川魚を捕る方法があった。サンショウの皮をはぎ取り、煮て川に流して捕る方法もあった。渋柿を砕いて流しても効果があった。同町の葛俣にはウナギ、マス、アブラメ、カニ、エビなどがいた。ヤマメは昨年（昭和四十七年）一万匹、今年も一万匹を放流した。したがって今は禁漁になっている。ヤマメは昔からいてマダラとか、エノハとかいわれて鶏のホロ（鶏の羽毛）を餌にして釣った。タニガニは三年前から福岡県の業者が買い付けはじめたので、さかんに捕るようになった。料理屋で使うらしい。

阿久根市田代尾原は市街地から東の方へ相当離れた山村である。昭和九年の大旱魃で川魚がほとんど死んでしまった。その後、徐々に増えたが、付近の山で硫化銅の開発が進められ廃液が流れ込み、たくさんの川魚が死体となって浮いてきた。戦後、すぐ廃鉱になって魚が増えはじめたが、農薬の普及とともに三たび減少した。

今では川魚を捕る人はまったくいない。昔の漁法としてアユの群れているところに石を投げ込み、衝撃で魚の肺が破れて浮いてきたところを捕った。池に杉の葉を入れておき、コイに卵を産みつけさせて繁殖させたりした。ヨボイ（夜の漁）もよくした。竹筒にコエマツ（松の脂）を入れて松明とし、銛で突いたり、網ですくったりした。

次に、昭和三十五年十月に奄美市小湊名瀬勝《なぜがち》で聞いた話を記す。ここは朝戸峠を越えた農村地帯で、名瀬の市街地からは遠く離れている。話してくれた故老は七十三歳であった。ここでアネクというのは鹿児島本土でいう筌のことである。名瀬勝のアネクによる漁法は三種あった。

ひとつは六月から八月にかけて村の真ん中を流れている大川をさかのぼってくるサイ（エビの幼虫）を捕る。アネクを下流に向けて置き翌朝、網を上げるとたくさんのサイが捕れた。これをサイアネクという。サイが上流にさかのぼり、大きくなったものをタナという。タナは年中捕れるが春先にもっともよくとれた。一升、百五十円くらいで名瀬の魚屋が買ってくれた。これをタナアネクという。

三番目がオロシアネクである。先ほどのアネクよりも大きくて長い。これを上流に向けて置き流れてくるタナ、フナ、ウナギなどを捕る。大川本流だけでなくて用水路などにも仕掛けておいた。しかし、昭和三十年ごろから農薬の使用がはじまり、豚の餌にしか利用できなくなった。

川漁ではないが、ここの漁業関係のことを述べておく。十月から十二月にかけて海岸でマガン（真蟹）が捕れた。ふかした芋を餌にして、浅い海に籠を入れておく。流されないように綱をつけて立木にくくりつける。翌朝、引き上げると多い時は二十匹も捕れた。一匹いくらで名瀬の魚屋が引き取ってくれた。ほかにガサメエ（渡りガニ）を六月から八月にかけて捕った。これは餌として籠の中に蛙を入れておいた。

ほかにタイサンガンというカニもいた。ふだんは山に棲んでいて梅雨の時だけ、海岸の波打ち際に卵を産みにくる。夜間にでてくるので松明やガス灯をつけて網ですくい捕った。これは人間の食用にはならない。塩を加えながら臼で搗き甕に貯蔵しておいた。豚の餌の出し味として貴重であった。

潜水漁法　三重県の海女《あま》は有名であるが、本県の場合、男が潜って魚介を捕る。阿久根市黒之浜は昔からの漁村である。古くから潜水漁業がおこなわれていたし、今でもさかんである。潜ることを「カツン」といいウニ、アワビ、サザエ、イシダイなどを捕る。先祖代々、秘伝の漁場を持っていて、これを他人に明らかにすることはない。昔は素潜りで冬は舟上に炭火をおこして体を温め、「エビスさん」と唱えながら十三メートルくらいは潜った。今はウェットスーツ、アクアラングをつけての潜りになっている。

同じ阿久根市の佐潟、牛之浜などでもカツギ（潜水漁法）がおこなわれている。佐潟では漁業で生計を立てている人が約九十名いるが、そのうちカツギをする人が約半分である（昭和四十三年ごろ）。同じころ、牛之浜では約二十名の漁業専業者のうちおもにカツギをしている人が六名いた。

このあたりではウニが大量に捕れすぎて畑の肥料にする時代が長く続いた。今では高値でどんどん東京・大阪へ積み出されているが、このようになったのは昭和三十年ごろからである。

佐潟では磯建網（定置網の一種）もさかんでおもに瀬物（岩礁で捕れるクロダイ、イシダイ、イシガキダイなど）を捕っている。一本釣りはあまりしない。ほかにも潜水漁法をしているところは多い。志布志、内之浦、種子島、喜界島などでは潜ることを、「スム」という。南大隅町辺田《へた》、鹿屋市高須、枕崎、坊津では「ヅビィ」とか、「ヅべに入る」とかいう。結局、鹿児島県には「潜る」ことについてカツギ、スム、ヅビィという三系列の言葉が残っていることになる。

地引網　南大隅町佐多大泊は百戸あまりの村であるが、専業漁家は平成十五年には約二十戸あった。大正時代はもっと漁家が多かった。そのころはカツオ釣りがさかんで、奄美大島まで出漁していた。近くに三方曾根という好漁場もあり、いろいろな魚が季節によって捕れた。しかし、巾着網が流行しはじめると何もかもこれによって捕獲されるようになり、三方曾根もやせてしまった。その後も主として夏はサバ釣り、冬はイカ釣りをしてきた。

大泊で、昭和初期までさかんであった地引網について述べておきたい。今（昭和五十四年）でも、ときたま引いている。ザコジビキ（雑魚地引）といっておもにキビナゴを捕る。網は目の小さいモジアミといい長さは百尋《ひろ》（一尋は両手を広げた長さ）もある。網を打つ時は、まず二人乗りの伝馬船が沖にでる。一人は櫓をこぎ、もう一人は二尋くらいの竹竿を海に入れてキビナゴの当たり具合をみる。竹竿を持つ人をザコミセンドウといい、年度はじめの集落総会で決めておく。

ザコのあたり具合がよければ、「おっどー」と叫ぶ。海岸に待機していた三人が、「ザコ引っじゃ」と大声で村内を走り回る。各戸から一人ずつでてきて網を引く。これをヒッコという。大泊は在（農民）、麓（郷士）、浦（漁民）にはっきり分かれている。昔は、区長もそれぞれに一人ずついた。今は一人になっている。ヒッコにでてくるのは漁民だけで、在と麓はでてこない。漁家はサゲという海岸近くの一画に家が密集していた。

戦前は、ヒッコに男がでれば一人前、女がでれば七分前と決まっていたが、戦後男女同権になって同じように一人前になった。ヒッコにでることができなければカブ（株）の配当はあるが、マワイ（その日の獲物の分け前）はない。カブ六分、マワイ四分と決まっていた。各戸ではイリコにして売った。今は鮮魚でもよく売れる。りっぱな道路ができ自動車で運送できるからである。

大崎町菱田の地引網は次のとおりおこなわれた。

地引網がはじまったのは昭和二年からであった。その時、網元は五人いた。漁区のことをアジロといい、ひとつのアジロの幅は三五〇間と決めてあった。アジロとアジロの境のことをホッといい、石が埋めてあった。五つのアジロに分けてあり、毎日順繰りに交替した。一回の網引きのことを一アバといった。一日に二回引くことも多かった。分け前をメテといい網元が四分、網子が六分取り、みんなで分けた。ムラギン（村君）という今の漁労長に当たる人はメテが二人分と決まっていた。

大浜と菱田を比較してみると、前者が古い伝統的な習慣を伝えていることがよくわかる。菱田の場合は、歴史的にも新しいことがはっきりしているし最初から合理的に、計画的に運営された。

錦江町神ノ川では、子供が網を引いた場合のメテも決めてあった。八歳で三分前、十二歳で五分前、十四歳で八分前、十五歳では大人と同じ一人前だった。ここでは昭和初期に八田網（船上にかがり火を焚き魚群を集めて網を入れる）がさかんでサバ、イワシなどを捕った。指揮を執る人をムラギンといい網元は別にいた。

肝付町内之浦には魚見棚があった。海をみおろす岡の上の立ち木を利用して竹を結わえて棚を作る。梯子を掛け苫《とま》をかぶせて雨をしのぎ、炭火も起こせるようになっていた。長老、中老、ニセの三人がここに詰めている。長老のことをホンダナといいすべてを取り仕切る。三人のうち一人はかならず海面をみている。魚の入り具合をみることを「イロをみる」といった。魚影の大小、色合いなどをしばらくみて魚の種類、数、大きさなどを予測する。しばらく様子をみるあいだのことを、「アユマセ（歩ませ）」といった。

好機とホンダナが判断した時、準備してある竹竿の御幣を振り下ろす。待機している二十人くらいのヒキコたちが伝馬船に乗り網を引き上げた。この伝馬船をヒコブネといった。このような魚見棚が内之浦の海岸線に沿って桃ノ木、津代、二本松などにあった。

同様な魚見棚が志布志の海岸線にも昭和初期まであった。このような漁法は奄美大島の宇検村などでは現在

（平成二十年）もおこなわれている。

釣り漁　南大隅町外之浦《とのうら》は五十七戸よりなる半農半漁の村である。水田は全然なく野良仕事は女に任せられていた。昔からカツオ釣りがさかんであった。薩摩型の船に二十名くらいが乗り込んで奄美大島まで出漁していた。このような船が外之浦に三隻あった。伊勢ケネ、坂下ケネ、小平ケネの三つに別れておのおの船を持っていた。ケネとは、「家内」の字を当てることができ、同族を意味している。

家のある場所もケネごとに、同じような場所にまとまっていた。同じようなカツオ釣りなので昔から競争意識が強かった。氷のない時代は、種子島に船を着けてカツオを煮てから持ち帰った。しかし、昭和十年ごろから巾着船が操業するようになって、魚類を根こそぎ捕ってしまい不漁が続き、廃業せざるをえなくなった。

昭和四十九年七月、出水市蕨島《わらびしま》に漁師のOさんを訪ねた。明治三十年生れであった。蕨島は今は干拓によって陸続きになっているが、ごく近年まで離島であった。半農半漁であるが、大部分は天草からの移住者の子孫である。Oさんの父も一本釣り専門でおもにタイを釣った。物心ついたときから父と船に乗り、タイを釣ってきた。タイの餌になるのはキエビで、生きていないと駄目であった。これを夜中に捕りに行くのが大変難儀な仕事だった。タイは年中釣れるが、春先、桜の花が咲くころに南から北上してくるのをサクラダイといって味もよかったのでよく釣った。

七月から十月にかけては、クダリダイがよく釣れた。タイの釣れる時間帯は日の出前から二時間くらいがよく夕方、日があと竹竿一間で落ちるころもよく釣れた。陸上の山、岩や瀬、砂浜などの地形が頭の中に描けるくらいでないとよい漁師とはいえない。これをアテという。したがって曇り空の時はアテを確認できないので漁もよくなかった。

ほかにも潮の流れ、風の向き、海底の様子など知っていなければならないことは多かった。釣糸は木綿―絹糸―人絹―ナイロンと変わってきた。釣糸を投げる時は、「エビスさん」と祈り言葉を唱えた。タイのほかにキス、ゴチ、カレイなどもよく釣った。

Oさんは三叉の銛で突き漁もよくした。長さは七尋もあった。箱めがねでみながら魚の首を突く。真ん中を突いたら商品価値が下がるからである。近年は、米ノ津川の水が生活汚水のため海が濁り、見通しが悪くなった。特に夏になると東風のため汚水が広がって駄目になる。冬になると西風が吹き、川の汚水を岸の方へ押し返すので比較的見通しがよくなる。冬、鉤《かぎ》を使ってアワビ、ナマコなども捕った。たくさん魚を捕っても売るのには苦労した。現在のように自動車を自由に使える時代ではなかったからである。

丸木舟　南大隅町辺田《へた》では、昭和のはじめごろ、沖縄糸満《いとまん》の漁師たちが、丸木舟を持ってきて魚を捕った。ある網元がお金を出して連れてきたというが、結局定着しなかった。このほかに、鹿屋市高須や肝付町内之浦南方あたりにも糸満の漁師がきて、おもに瀬物を捕った時期があった。肝付町柏原では、明治末期ごろまで丸木舟があったと伝えられている。ここの南西側にある山上にヤクタネゴヨウマツが、昭和五十年ごろまで立ち枯れの状態で残っていた。いうまでもなく丸木舟の原材となった。

奄美大島宇検村湯湾《ゆわん》では、大正初期たくさんの丸木舟が使用されていた。原木はタブかシイの木が多かった。船大工が山中に六日くらい泊まりこみ、荒削りしてから海岸に出した。山出しをする時は、村中の男たちが加勢する習わしになっていた。持ち主が使用しない時は村中の誰でも使用してよいことになっていた。

種子島では昭和三十年ごろまで丸木舟がよく利用されていた。その後、急速に減少したが、川崎晃稔氏の調査によると、昭和四十三年、種子島全体で現役七十六艘、廃船十艘、合計八十六艘が残っていたという(11)。私も平成四年、南種子町牛野の海岸に放置された丸木舟が草に埋もれてボロボロに朽ちているのをみたことがある。丸木舟の原木になるヤクタネゴヨウマツの大木は数少なくなり、現在幼木の養生に取り組んでいる。

漁師気質　「ヅニンは七あてフナカタ」と、錦江町神ノ川ではいわれていた。ヅニンもフナカタも漁師のことである。七あてとは七回豊漁であれば、残り三回は不漁でも構わない、困らないという意味である。平均して七回だから不漁が連続しても、そのうちよい時がくるという楽天的な考え方が基礎にある。

大崎町菱田には「浜のサンメ日和」という言葉がある。豊漁でめでたいといって焼酎を飲み、不漁でまだ祭り方が足りないといって飲み、天候が悪いから何もすることがないので飲むという具合である。そこには常に確実な収穫をめざして、日夜一歩ずつ積み重ねていこうとする農民の姿とは対照的なものがある。

ヤクタネゴヨウマツ　丸木舟の原材になる。幹周り３m、高さ20m、樹齢約120年と説明板に記してある。昭和55年に中種子町指定文化財となっている。（中種子町野間・平成５年）

第六節　諸職・道みちの人

ショケ作《つく》い　竹細工職人のことをショケ作いという。Nさんは大正三年、南九州市川辺永田に生れた。父もショケ作いであった。父は今の湧水町や伊佐方面によく仕事にでかけた。春と秋の植え付け、穫り入れの時期には帰ってきて農業をいとなんでいた。Nさんは十六歳の時に隣集落のショケ作いどんの弟子となって、現在のえびの市（宮崎県）に行った。炊事係からはじめて、徐々に仕事を教えてもらった。

作るのはさほど難儀しなかったが、売るのには大変な苦労をした。加久藤《かくとう》峠（宮崎県えびの市）を越えて、熊本県の人吉までよく売りに行った。三人の弟子がいっしょだった。夜中立ちをして早朝、農家にショケ（片口笊《ざる》）やバラ（丸口笊）を売り歩いた。農家の人たちが田畑にでる前に売らなければならないので大変だった。あとは昼飯時を狙って売り歩いた。それまでのあいだは神社の木陰などで休んだりした。三年半で師匠離れをした。一人立ちしてからは指宿、溝辺、百引、古江、大根占などに出職して歩いた。現在、住んでいる鹿屋市吾平にきたのは、昭和十年九月であった。二十七歳までは、夏になると川辺に帰って父と百姓をした。弟が家で農業をはじめたのでだんだん帰らなくなった。この弟は末子であり、親の最期をみとった。川辺のあたりも末子相続が多い。

竹を切るのは二月の寒い時がよい。夏は竹が水を含んでいるのでよくない。仕事も夏枯れになるので農業をすることが多かった。Nさんは吾平で嫁を貰ったので、夏は妻の実家の農業を手伝いながら過ごすようになった。また、作りだめした製品の行商をよくした。旧吾平町には多い時で十八人ものショケ作いがいたので、売るのには苦労した。自転車に積めるだけ積み大崎、菱田、田代、内之浦あたりまで売り歩いた。夜明けの三時半には家をでた。

今でも竹細工職人の総会を一月と八月の二回開いている。昭和五十四年八月の参加者は、鹿屋市周辺で十人だった。その内訳を出身地別にみると、南九州市川辺出身が六人、南さつま市金峰白川が二人、残り二人が地元鹿屋の人であった。この時、集まったのは年寄だけだった。昭和三十年代からプラスチック製品の進出により、竹細工製品は売れなくなり、若い竹細工職人たちは大工や家具職人、その他に転業したからである。

なお、ショケの縁を結わえるのはツヅラが一番よかった。秋の彼岸過ぎになると、錦江町田代の人たちが鹿屋周辺にツヅラ売りにきた。使う前日に水につけて柔らかくしておいた。針金は錆《さび》がくるのでよくない。

木地屋など　出水市大川内青椎《おおかわちあおじい》に、日当平《ひなたびら》というところがある。この近くには、かつて肥薩の国境を警備するための番小屋があった。ここに明治のころ、国有林の樹木を自由に伐ってよいという許可を受けた人が住んでいた。椀類を作りおきしておいて、時たま里におりてきて米・麦などと交換していた。大口市木地山やさつま町泊野にもこのような伝承がある。いわゆる木地屋である。木地屋の伝承は、ここが南限で薩摩半島や大隅半島までは及んでいない。

肝付町高山は肝属平野の中央に位置し、藩政時代から野町として賑わいをみせてきた。ここの八幡馬場は、別に鍛治屋ン馬場ともいわれていた。多い時は八軒の鍛冶屋があった。このうちの一人の故老（六十歳くらい）の話によると、この人の家は五代続く鍛冶屋である。しかし、記録は何も残っていない。学校を卒えるとすぐに外の家の師匠のところに弟子入りした。弟子入りして何年間もバンコッ（鉄槌）打ちだった。重さ一貫七百匁目のバンコッを一アカメの間に、四十回以上打った。アカメというのは、真っ赤に焼けた鉄が冷めるまでのあいだをいう。

木炭は松が最良で、水俣からくる外国産のものもよかった。おもに農家の注文に応じて作った。煙草作りがさかんになると、それに適した鍬の注文があった。鍬の柄は曾於市松山産のカシノキが一番よかった。旧八月二十六日には金山さまの祭りをおこなった。金山さまの掛け軸を拝み、ホイドン（神主）を頼んで御幣を切ってもらった。

芦北町大岩はさらに本村、渡瀬などの小字に分かれていたが、そのうちのひとつ岩屋川内は約八十戸であり、十三戸くらいが紙漉《す》きをしていたが、昭和三十八年で終わってしまった。障子紙が多く、ほかにちり紙、茶入れ袋、籾の中袋などをつくった時期もあった。カジノキ（楮）は落葉して新芽がでるまでのあいだに切った。真冬に川の冷水を利用する仕事なので、大変であった。このあたりは通称では大川内といったので、大川内紙の名前で通っていた。売り先は佐敷、田ノ浦あたりが多くあまり遠くまでは行かなくても売れた。

なお、出水市大川内でも紙漉きをしていたので、両者を混同しないようにしないといけない。出水市大川内の鷺簗《さぎやな》の場合は江戸時代に始良市蒲生から伝えられたという。戦後もしばらくは十戸くらいが、おもに障子紙を漉《す》いていた。昭和三十四年ごろにすべて操業を打ち切った。その後、大川内中学校の郷土教育の一環として平成二年ごろ、復活させ自分たちの卒業証書を今でも漉いている。工法は大略次のとおりである。

野生しているカジノキの若木を切り、釜で蒸して皮をはぐ。これを笊に入れて川に一週間くらい晒《さら》した。笊には流されないように石をのせておく。この皮に石灰を加えて、長時間よく煮る。これをさらに四日くらい川に晒す。これをカシの棍棒で繊維が切れるくらいよく叩き、フネという木箱に入れる。これに山から取ってきたナシカズラを小さく刻んで入れ、一昼夜くらい水に浸してから、木綿布で漉《こ》した液を混ぜる。これを型枠で漉《す》き、水切りをして板に貼り付けて四日くらいかけて乾かした。乾いてから幅四寸くらいに切りそろえ、二十枚を一束にして売り出した。

第三章　運輸と交易・村むらをむすぶ

オンジョガレ　オンジョ（おじいさん）の名称にかかわらず女の人もよくする。胸元の縄の結わえ方に注目してもらいたい。（薩摩川内市入来町・昭和53年・小野重朗氏撮影）

第一節　運輸・やがて車社会へ

背負いから車へ　指宿市山川成川では農業は、カレ作↓ウセ作↓クルマ作と三段階を経て発展してきている。

第一段階のカレ作のカレとは、カルウ（背負う）という意味の方言である。肥料・農具・収穫物などを背中に背負う程度の農業ということである。ここでは、背負い具としてはカレ縄と頭上運搬があるだけであった。カレ縄は二重にして荷を中に置き縄の真ん中をワサ（ワッカ）にして、ここに頭を入れて縄の両端を胸のところで締める。この背負い方法のことをオンジョガレ（お爺さんガレ）という。だからといって男だけがするのではない。女もする。

荷物の形状によって女はかつて頭上運搬を頻繁にしていた。男は頭上運搬はしない。これらの運搬による農業は明らかに低生産性の農業である。隠居した老人たちが少し自嘲的な響きを持って語ることが多い。これだと耕地が遠距離では困る。家の近くの耕地（これをサトモイという）が多かった。人口希薄な時代はサトモイの耕地だけで事たりたのであろう。サトモイのことについては、本書「信仰」の項でも、少し触れたい。

第二段階のウセ作とは、牛馬の背中に荷物を背負わせることである。これだと運搬できる量は飛躍的に増加する。人口増加にともなって、サトモイの耕地だけでは不足するから、水の乏しい高台や遠距離の可耕地にも進出せざるを得なくなった。水の乏しい高台のことを、大野原と称している場合が多い。荷物運搬用には牛よりも馬がよく用いられた。昔の馬は小型で、女でも容易に使いこなせた。

ジズイ（地ずり）　荷を乗せて牛に曳かせた。狭い山道などで利用した。（指宿市利永・昭和43年）

第三段階になると、大野原の開発がいよいよ本格的になり、人口増加に対処した。収穫物の商品化のために、町まで荷物を運搬する必要性も格段に増加した。大量運搬の必要性が切実なものとなり、クルマ作へと発展していった。車の前段階としてジズイ（地ずり）があった。木製の台に荷物を載せて牛馬に曳かせるものである。狭い山間地などで利用された。このような道のことをズイミチ（ずり道）という。道なき道・道路の原初的な姿といえるであろう。このような木製の台に、松の丸太が車輪としてつけられたものが、ダイゴログルマ（台ごろ車）である。そのためには本格的な道路の建設が必要であった。

一方、人力によって押す車として猫車があった。松の丸太が車輪であった。旧開聞町（現在指宿市）の入野《いりの》、物袋《もって》のあたりは昭和四十年代までよく猫車を使用していた。猫車は構造的には現在のスチール製の丈夫で軽い一輪車と変わらない。

さらに手車、輻車《やぐるま》、梶棒車《かじぼうぐるま》、荷馬車という具合に改良が重ねられて車が主役になり、どこの町でも車大工（車鍛治というところもある）が操業するようになった。車通行のために道路の幅もますます広くなった。各地の「市町村史」の類をみると明治以降、どのようにして高規格の道路の建設に努力してきたかが詳細に記載されている。このような道路を新道（しんどう、しんみち）といい、これに沿って金物屋、呉服屋、指物大工、傘張り、菓子屋、紺屋、うどん屋などが店をならべ新しい時代が到来した。文明開化の余沢が僻陬《へきすう》の地にもたどり着いたといえる。

大崎町岡別府は荷馬車曳きを専業にする人が多いところだった。多い時は十五人くらいいた。ある故老は、大正中ごろから五十年以上も荷馬車を曳いてきた。はじめは杉の木を弁甲材（船材）として、志布志の港までよく運んだ。串間の福島瓦を垂水や鹿屋まで運ぶことも多かった。

ここで大きな疑問が生じてきた。なぜ日本の近世、江戸時代には牛馬の牽引による車社会が存在しなかったのかということである。『国史大辞典』(12)によれば、平安時代には豪華絢爛たる皇族・貴族の乗り物として牛車があり、『平治物語絵』などに描かれているが、その後ほとんど発展していない。小林茂氏の『荷車』(13)や竹内利美氏の『馬の民俗』(14)を読むと、中世の鳥羽・白川における車借の活動や、近世の大八車・べか車の

猫車　松の丸太を車輪にしてある。指宿市開聞地区では昭和40年代までよく使用されていた。昔、岡山市の歴史資料館で同じものをみたことがある。名称も同じであった。（指宿市開聞入野・昭和42年）

利用はあっても牛車・馬車による大量輸送はなかったことは明らかである。有名な歌川広重の「東海道五拾三次」図をみても、馬の背負い姿はいくらでもあるが、馬車はない。わずかに、「大津・走井茶店」図に牛車三輌が描かれているが、ごく近距離の物資輸送に利用されただけであった。

竹内利美氏は、前掲書で「地形が錯雑していて山坂が多く、河谷が縦横に走り道路の発達を阻んでいた」というのが従来の車未発達の説明理由であるとしている。水上交通の発達による、大量輸送とはあまりにも対照的である。明治以降の急激な車社会への転換・発展を考えると、ますます疑問は深まるばかりである。もっと大きな理由があるのではなかろうか。

背負うための道具に着目すれば次の四つに分類できる。

背負い縄―一般的にはカレ縄、荷縄などという。甑島ではカンジロウと称している。丁寧なものは三つ組みに編み、幅を広くして肩にかかる負担を分散している。シュタ（背中当て）とセットになっているところも多い。縄を結ぶ場所によって前結びと後結びがある。前に述べたように山川成川ではオンジョガレといい、枕崎、頴娃、指宿などでも同様である。これと同じ背負い方を肝付町高山池之薗ではシマガレという。これに対して後結びを阿久根市田代ではウンボガレ（おばあさんガレ）、霧島市国分毛梨野《けなしの》ではババガレと称する。熊本県美里町砥用《ともち》永富では、これをゴカンショガレという。五家荘から伝わってきたとされているからである。

背負い袋―ランドセルのように背負うもので、藁製のカガイ、叺、俵などがある。藁製のカガイは肥料などを入れるが、ツヅラは民芸的な美しさもあり高級品であった。山仕事に行く時、鎌や鉈といっしょに弁当も入れ、山菜などがあればこれに入れてきた。越中ガレもこの一種である。越中富山の薬売りがやるように大きな風呂敷包みに荷物を入れ、両端を胸のところで結ぶやり方である。

ザッツガレ（座頭ガレ）というのは米・麦などが入った袋を背負い、右肩から左脇下に袋の両端を垂らして、胸のところで結ぶ方法である。座頭たちはかならずこういう具合にして各家で貰った米や麦を入れて巡回してきた。

背負い籠―南九州に多い竹を利用して編んだものである。地域によって編み方や形、大きさなどに特色がある。野良仕事に行く時、鎌や弁当を入れて背負う。帰りには野菜などを入れてくる。どこでも男よりも女が多く使用していたようである。

カレコ―地域によってカレコ、カリなどと称している。これには有爪《ゆうそう》型と無爪《むそう》型がある。熊本県美里町砥用では山仕事をする人が使っていたが、一般の百姓たちはほとんど使わなかった。ここからさらに上流の早楠《はやくす》という集落ではよく使っていた。林業関係の仕事に従事する人が多いからである。芦北町葛俣でも有爪型のカレコをよく使っていた。

カレコ（無爪型）（南大隅町大泊・昭和56年）

有爪型はほとんど叉杖《またづえ》とセットになっていた。荷の積み下ろしの際にカレコを立てておくための支えになるし、歩く時は杖として用いた。途中で休む時は、平坦地でもこれを支えとして利用できるので便利であった。

出水地方では煙草の葉を運ぶ時にはカレコをよく用いた。葉を傷つけることがないからで、これ以外に百姓が利用することはなかった。炭焼き、樟脳搾

カレコ（有爪型）（鹿屋市百引・昭和56年）

りの山仕事の人たちはよく利用していた。このような使い分けは大隅地方でも同じであった。

ところで、大隅地方では無爪型をシマガレ、有爪形を豊後ガレといって区別しているところが多い。佐多竹之浦、同田尻、同大泊、大根占皆倉《かいくら》、桜島、垂水牛根、霧島市隼人長浜などが前者であり、内之浦櫨ノ木《はぜのき》や鹿屋市百《も》引《びき》などが後者である。豊後ガレが大分県の炭焼きやナバつくり（しいたけ作り）の人びとによって伝えられたことははっきりしている。シマガレのシマとは桜島のことである。大正三年の桜島大噴火によって難を逃れ、大隅地方に移住した人びとの村は多いが、その時に伝えられた道具であることもはっきりしている。豊後ガレは男ガレ、シマガレは女ガレといって使い分けているところも多い。

佐多大泊では嫁入り道具としてカレコ（無爪型）は欠かすことができなかった。西に急峻な山を控え草刈り、薪取りなど、嫁入りの翌日から役立ったという。昭和四十八年、私がここを訪れた時は、女の人はどこに行くにもこれを持っていた。平成も二十年を過ぎた現在はどうなっているであろうか。

肩担ぎ　オコ（木や竹の両端を尖らせた担ぎ棒）は山オコという場合が多い。熊本県美里町砥用永富では竹、杉、カシノキなどの両端を鋭く尖らせて束ねた草、薪、稲などを突き刺して肩に担ぐ。はしっこは枝を少し切り残して、滑り止めにしてあった。男女ともに用いた。葦北地方でもよく用いた。北薩地方から大隅地方にかけてよく用いた。大崎町荒佐野《あらさの》では、杉が粘りがあって一番よいという。これらの地域では背負い縄を用いることはあまりない。

サシは二種ある。杉や檜の両端に、つり縄の先に鉤をつけて水樽などをつるして運ぶ。これはイネカッ（担い鉤）という。もう一種は、棒の両端に枝を切り残すか、釘を打って畚《もっこ》やカガイを担うものである。こちらはイネボウ（担い棒）ということが多い。標準語でいうところの天秤棒である。

頭上運搬　桜島から指宿、山川、開聞、頴娃、枕崎、坊津の海岸に沿ったところは、カンメル（頭に物をのせる）ことが女の運搬法であった。男はカンメルことはない。頭の上にカンメブシという藁や布、手拭などの緩衝物をおき、物の一杯つまった米俵でもバラ（竹籠）でも載せて運んだ。

終戦後、この習慣は急激に姿を消したが、坊津あたりでは昭和四十年ごろまでこのような風景をみることは珍しいことではなかった。私は昭和四十五年、坊津の港で赤ん坊を背負い、頭にはバラ（笊《ざる》）をカンメタ数名の女の人をみたことがある。船出する夫の着替えなどの日用品を届けにきているような風であった。真夏の日の午後だったと記憶している。磯貝勇氏によれば、このような運搬法は伊豆諸島や近畿・中国地方でもかつてはみられ、中世の絵巻物や古代の埴輪《はにわ》にもその証跡があるという。[15]

ここで甑島の背負い縄・カンジロウについていえることがひとつある。鹿児島県明治百年記念館建設調査室から発刊された『甑島・長島有形民俗資料調査報告書』（昭和四十五年）には、

カンジロウは背負い用の縄である。南九州を通じてオコ、サシという棒で荷を担う運搬法が支配的であるが、その中にあって甑島は縄負い運搬一色といってよい。このような負い縄文化は日本文化の一つの原形として

重要であるが、これを濃く保持している甑島の文化は貴重である。

と記載されている。手に持つ、肩に担ぐ、頭上に載せるなどなんらの道具なしの物の運搬がもっとも原初的な運搬法であったことは間違いない。次の段階の方法として背負い縄が出現し、それが甑島では現在まで続いている。甑島に次ぐ背負い縄地帯である南薩地方では、男はオンジョカレ、女はカンメがもっぱらおこなわれてきた。その他の地域でも背負い縄を多用する地域が点在することは前述したとおりである。

オコやサシの使用がいつはじまったかについては確実なことはいえないが、カレ縄よりもあとであろう。カレコの普及はもっとおくれることは間違いないようである。故老たちもカレコの歴史がきわめて浅いことは認めている。

第二節　交易・有無相通ず

魚売り　出水市武本の上屋《うわや》、清水などの集落では、昔からニセたちによる縄ない講がさかんであった。八人くらいで組を作り、冬の夜など縄を三十尋くらいずつなう。翌晩は次の宿に移り、同じようにして縄をなう。一回りすると、最後の晩は割り勘（ハギという）でちょっとしたご馳走を食べた。これに麦搗きや綿紡ぎをした娘たちも加わり冬の一夜を賑やかにすごしたという。この時、よく歌う次のような一節があった。

阿久根ン高松橋　七つ立ち
野田を歌うて　高尾野じゃほのぼのと
出水の町じゃ　夜があけた

こちゃ構わんどん　〇〇どんに継ぐ

（阿久根の高松橋を午前四時にでて、野田は歌って通り、高尾野ではほのぼのとなり、出水の町に着いたら夜があけた。私は構わんけれども歌は順番だから、〇〇どん次の歌をどうぞ）

内容からして鉄道開通以前のことであろうから明治四十二年以前の状況を歌っている。阿久根・出水間は約二十三キロある。出水には名古という好漁港もあったが、瀬物が多く、阿久根はサバ、イワシ、キビナゴなどの青物が多かった。取り引きは物々交換が多かったので帰りには籾や麦を持ち帰った。長い習わしの中で得意先もほぼ決まっていた。これをトキドン（得意殿）といった。

一方で阿久根の魚を南の方へ届ける行商人もいた。昭和三十九年九月、ひとりの故老（男）から話を聞く機会があった。住所は阿久根市尻無《しりなし》で明治三十八年生れであった。ここは薩摩川内市も近い。以下はその内容である。

十五歳の時からはじめて、一生を魚の行商ですごしてきた。どちらかといえば鮮魚よりも干魚が主であった。大正十四年に徴兵検査を受けたが、身長がたりなかったのか召集令状はこなかった。このころに自転車を買えたので、行ける範囲が格段に広くなり、こんなに嬉しかったことはなかった。それまではメゴ（目籠）を担うての歩きだったので、近郷の農山村にしか行けなかった。

自転車で夜中にでて川内の水引小学校で一休みして、朝七時ごろには宮之城に着いた。電灯もついていなかったので提灯をたよりにして、自分で作った草鞋履きで行った。宮之城、祁答院《けどういん》、久富木《くぶき》、山崎あたりは裏道や近道に至るまで、知り尽くしていた。どうしても売り切れない時もあった。そういう時は特に親しくしているトキドンに対して、「メゴバイだから買ってくれないか」と、相談して買ってもらった。値段は安くした。メゴバイとは、「メゴに張り付いているもの、すなわち残り物」ということである。

時にはお茶をごちそうになり、世間話に興ずることもあった。家に帰りつくのは夜七時ごろであった。その晩はすぐに寝て、翌朝早く阿久根港まで行き、魚を仕入れた。二日に一回行商にでた。積荷はいつも二十貫くらいだった。農家の人が田畑にでて不在の時、棚を開けて魚を入れておくようなこともあった。どの家がどのくらいの期間で魚を必要とするかが、長いつきあいの中でお互いに了解されていたのである。

南薩地方のダンポについてはすでに触れたが、魚売りのことはダウイ（駄売り）といった。大隅地方でもダウイといったが、あちこちにカタゲウイというところもあった。カタゲウイとは衣類、苗物、鉈・鎌などの行商人に限っていうところもある。

市の風　阿久根市本町には次のとおり年三回の市が立った。

嫁女市―旧二月七日で人形市とも、田植市ともいった。秋の彼岸から年が明けて冬の間は嫁もらいの時期であった。新しく嫁入りしてきた人に対して、阿久根はこんな町だ、こんなところだということを知らしめるから嫁女市という。あるいは三月節供も近づいてくるので、雛人形も飾らなければならない。田植えもぼつぼつ近づいてくるので農具や蓑笠も準備しなければならない。そのような要請にこたえるための市であった。出店には衣類、食料品などあらゆる物がならべられて賑わいをみせた。

ホゼ市―旧十月七日であらゆる商品がならべられたが、カキ、ミカン、クリなどの果実も多かった。また、これらの苗木などの多いのが特色だった。

汚れ市―旧十二月二十五日で師走の多忙な時だから、みんなが汚れたままで走り回るからこのようにいう。あるいは正月用の下駄が多くでたので、下駄市ともいった。もちろん、正月用の飾り物、冬の衣類なども店先にたくさん並んだ。

出水地方の師走の市をあげると次のとおりであった。いずれも旧十二月である。

脇本―二十四日　阿久根―二十五日
野田―二十六日　高尾野―二十七日
出水―二十八日　米ノ津―二十九日

出水の場合は、平良橋のたもとに塩ブリが山と積まれて売られた。それが市の終わるころにはきれいに売り切れた。米ノ津の場合は矢市ともいい、男の子が正月に遊ぶ弓と矢の玩具が多かった。新しく男児が生まれた家に対しては親戚が弓矢を買って贈る習わしもあった。

高尾野・中ノ市　蕎麦市の名前でも近郷に知られている。現在でもさかんである。（出水市高尾野・昭和48年）

春の市については、高尾野の中《ちゅう》ノ市《いち》について「稲作」の項で触れたが、もう少し記しておきたい。彼岸の中日に開かれるこの市は、別名を蕎麦市というくらいたくさんの蕎麦が売られることで有名であった。

市の風に吹かれるだけで健康になるというのはどこでもいわれることであるが、中ノ市では「ダッゴ、ヘゴ、市に連れて行け」といわれた。ダッゴとは抱く子であり、ヘゴとは這いずり回る子である。この言葉の中には市の果たした役割、あるいは有形無形の市の持っている雰囲気が滞りなく表現されているように思う。そのような新生児こそやがては地域を背負って立つ人間になるという期待が込められていた。庶民の永世への願望がふくめられている。本書「稲作」の項で述べたように若い男女の出会いの場だけではなかった。市で買った種子物や

川辺・二日市　江戸時代から続く市で２月上旬に開かれ、「二日あんね(あきない)」と親しまれている。毎年、約400店くらいが軒を並べる。鹿児島市から、臨時バスが運行されるくらい、今でも賑わっている。（南九州市川辺平山・平成24年）

カキ・ミカンの苗物はできがよいとか、鎌・鉈なども切れ味がよいなどと多くの地域でいわれていた。

高尾野（出水市）の中ノ市、加治木（姶良市）の初市、川辺（南九州市）の二日市は鹿児島県の三大市と称され今でも相当な賑わいをみせている。

師走の二十日過ぎから、芦北町古石の人びとは佐敷の町まで山のもの（シイタケやサトイモなど）を竹籠に入れて市に行った。これを師走のイッダッ（市立ち）といった。売ったお金で足袋、下駄などの正月用品を買ってきた。家族が多い場合は、三日くらい続けて行くこともあった。夜明けの四時には家をでて朝早く佐敷の町に着いた。市には漁村である計石の魚売りたちもきているので、正月用の魚も手に入れることができた。佐敷の町が山の民と海の民を結びつけていたのである。

鹿屋市曾田坂（今の寿坂）には、昔から四日、十四日、二十四日と月三回の市が立った。明治末期から大正時代まで非常にさかんであったが、昭和十五年ごろにはなくなった。俗に叺市《かますいち》と呼ばれていた。川東地区の光同寺などの集落は叺作りが伝統的にさかんであった。叺作りには小縄がたくさんいるので、秋の穫り入れが終わり新藁が手にはいると、夜も縄ないで一生懸命だった。明日は雨になりそうだという時は、藁に水をかけて準備した。

藁をよそから買い入れることもよくあった。叺が二十枚くらいできると曾田坂の市に出した。前十枚、後十枚をイネボウ（天秤棒）で担ぎ、朝九時ごろ家をでて一時間くらいで着いた。どうしても売れない時は、安くして金物屋や岩元どんという大地主の家に引き取ってもらった。売ったお金で飴を買って帰えると、子供たちが飛び上がって喜んだ。ケジャクシ飴といった。格好がケ（貝殻）で作った杓子に似ていたからついた名前である。

昭和十年ごろになると足踏み編み機がはやりはじめた。それによって能率があがるようになり、専業にする人もいた。この中には宮之城あたりまで叺作りの指導にでかける人もいた。名前は叺市でもほかのものも売られていた。高山宮下《みやげ》の人たちは蓆を作って売りにきた。高山富山の人たちは蓑を作って売りにきた。なかにはこれらの叺、蓆、蓑などの売れ残ったものを安く買い取り、自転車に乗せて志布志や垂水まで売り歩く人もいた。

大崎町や東串良の旧二月の田植え市にもこれらの物を運んで市に出した。これらは遠距離なので馬にうせて運ぶことが多かった。

恵美寿神社　現在では、大きな道路から離れたところに祭つられている。江戸時代初期には、少し離れた、広瀬川の川向いの古市集落にあった。商売の神として２月と７月に例祭が、今でも行われている。二日市の市の神であった可能性が大きい。（南九州市川辺平山・平成24年）

七夕市　大崎町上町の七夕祭りは七日市ともいって、今でも相当さかんである。たくさんの出店には衣類、金物など生活必需品のほかに仏具、提灯、線香、蠟燭など特に盆に必要なものが売られている。戦前までは二月や師走の市もさかんであったが、それらはすべてなくなった。七夕市が今でもさかんであるのはセロサンムケメ（精霊さま迎え）の行事が付随しているからである。

特に初盆の家では丁重にやっている。上町の南光寺門前に地蔵さまが祭られているが、これにお参りすることによりニイゼロ（新しい精霊）を連れて家に迎えるという信仰がある。親戚中の人がみんなお参りすることになっていた。お参りがすむとゴシュアゲ（御酒上げ）といって、親戚中で食堂や料理屋でご馳走を食べる。経費は喪家には出させないで親戚で負担した。

大正から昭和初期が、もっともさかんであり、衣料品店などもにわか食堂に変わった。『大崎町史』（大崎町役場、昭和五十年発行）には、健剛という僧侶が寺の経営を安泰ならしめるために、七日市の賑わいを取り込むことを思いつき地蔵さま（石像）を大正八年建立し、精霊迎えを住民に説いた結果だというが、もともと、そのような信仰があったと考えるほうが妥当であろう。地蔵さまを設置したことは、このような信仰に拍車をかけたのであろう。

昭和五十六年八月七日、この七夕市を見学することができた。古い商店街が、郊外型の大型店舗に賑わいを奪われさびれる中で、この日だけは七夕竿が林立し、出店が並び人びとの往来が激しかった。南光寺前の地蔵さまには線香の煙が立ち込め、お参りする人があとを絶たなかった。食堂でのゴシュアゲは以前のようではなくなり、家族だけですませる場合が多くなっていた。

このような信仰がこの周辺にはほかにもある。同じ大崎町野方では、盆前の十日に荒佐野観音堂にお参りをして精霊を迎え、そのあと食堂に寄りゴシュアゲをしていた。高山本町、東串良などにも同じような習わしが残っていたが、早く衰えたようである。

鹿屋市吾平中福良《なかふくら》では盆の十三日に吾平の町にでて、盆に必要な道具を買ってくるが、この時に精霊さまもいっしょに連れてきた。古い習わしを重んずる家では門火を焚き、風呂を沸かして精霊さまの帰りつくのを待ったという。

第四章　社会生活・人びとの結びつき

第一節　村制・民俗の受け皿

村の変遷　熊本県葦北地方を歩いていてよく耳にした言葉に、「日当」と「日添」があった。このことについてはすでに、本書「畑作」の項でも述べた。たとえ、地図の上に表記されていようがいまいが住んでいる村人たちが使っておれば立派な地名なのである。これを村人たちは醜名《しこな》と呼んでいる。九州山脈縁辺に多い地名のようで、宮崎県の九州山地寄りにも多い。これが本県になると、出水市の軸谷《じくや》地区に日当と日添があり、湧水町の栗野岳分校跡の近くに日添があるが、ここから以南にはあまりみえない。ただし、霧島市の日当山《ひなたやま》や鹿児島市の日《ひ》当平《なたびら》団地も、葦北地方の日当と同じ理由から生れた地名と考えて間違いないであろう。太古の昔から人びとが日当りのよい場所を求めて、居住地をえらんできた証跡である。

　ほかにも水のえやすいこと、山崩れや洪水などの災害をうけにくいこと、薪などの生活資材をえやすいことなど、条件は複雑に絡み合っていたことが考えられる。村のはじまりについて調査できたことを、いくつか記しておきたい。

熊本県芦北町鶴木山―戦後しばらくは百二十戸であったが、昭和四十八年ごろには約九十戸に減少した。昔は漁業が中心であったが、不漁続きのために甘夏蜜柑中心の農業に変わってきた。ここには草分けとなったとされる家が四戸ある。この四戸から分家がでて戸数が増えたとされている。草分けの四戸はいずれも前田屋敷、木戸屋敷など、○○屋敷といわれている。これらの屋敷はいずれも海岸から離れた山手にある。

出水市武本清水―川向こうに牧之山という丸い山がある。この山の斜面は孟宗竹がうっそうと生い茂っているが、ここがかつて清水集落があった場所と伝えられている。デラ（平坦地）には石垣も残っていていかにも屋敷跡であったことをうかがわせる。一時代前の年寄たちはここを「元村」と呼んでいた。これに対して、現在の集落を「新村」と称していたのを、ある時期に、「清水」と改めた。

牧之山から現在地に移ってきたのは、ある年の正月直前の夕方であった。したがって多忙のために門松を伐りに行く時間がなく、それ以来、ここでは門松を立てない習慣になった。ただし、今西家だけは夕方でなく昼ごろ引っ越してきて少し時間のゆとりがあり、門松を伐りに行くことができた。だから、今でも門松を立てる。

ほかの家はシラスを取ってきて、まく時間があったので今でもこれをおこなっている。牧之山の裾の水田のかたわらに矢房どんという神さまが祭られているが、村人はここに行くことを恐れて誰も近づかない。矢房どんのそばにエノキの大木があり、その下に自然石が大量に散乱している。昔の墓というが、字はまったく記されていない。祭る人もいない。

薩摩川内市江石―上甑島にある集落である。平家の落人七人が渡島してきて村が起こったと伝えられている。七人は、最初ドウヤマに住んでいた。ドウヤマというのは江石小学校の西にある岡の上である。のち、七人はドウヤマを降りて、海を目の前にした平坦地に住むようになった。この七人が東、西、田畑、森、中間、大園、中園の江石七姓の祖となった。

江石について私の野帳には「昭和三十八年現在で約二百四十戸であり、最近二年間で約七十戸が一家転住した。産業は半農半漁であるが、どちらかといえば農業に重心がある」と記されている。海を隔てた口甑島の平良にもドウヤマがある。ドウヤマ＝堂山という名称から何らかの祭祀場所を中心として村が存在したと考えられる。

錦江町田代鶴薗―古くから住んでいる二十九戸と、その後移住してきた二十六戸からなっている。移住してきた人びとの出身地は谷山、喜入、枕崎あたりが多い。苗字をみればすぐ分かる。昔からの家では小川家がもっとも古いといわれている。

小川家は昔はもっと上流の滝の上にあったが、ガラッパ（河童）が日夜うるさくて下のほうの平坦地に移ってきた。同時にウッガンサマも連れてきた。今でも裏山の竹林の中に祭っている。神体は自然石ふたつで、社殿は瓦屋根で大きくてりっぱである。ただチスドン（鎮守どん）は昔のまま滝の上に残してあり、今でも小川家が祭っている。小川家の屋敷は広く、石垣をめぐらして豪壮である。口伝によると小川家は平家の落人の流れをくみ、年代は不明だがここに落ち着いたのは旧十二月十六日であったという。

志布志市伊崎田―ここの草分けは本山家である。屋敷が三反五畝それに続く裏山が三反ある。小高い場所で梅雨の時も浸水の恐れはない。裏山が寒風をさえぎるので冬も温暖である。本山家は白いものを忌む。白い鶏や兎を飼うなと先祖から教えられてきた。正月の門松は立てない。そのかわり、木戸口に高さ六尺くらいのシイの木を左右に一本ずつ立てる。

いつの時代のことかはっきりしないが、本山家の先祖が風呂に入っているとき敵に襲われた。逃げ出した先祖は風呂の焚き口に身をひそめて助かった。焚き口が地面よりも低くなっていてそこに体を入れることができたからである。したがって、本山家では今でも風呂の焚き口は地面よりも低く掘りくぼめてある。

本山家には、本山姓三戸と南姓二戸の五人の当主が本山の本家に、毎月一日と十五日に集まりお茶をいただく習慣があった。南姓は本山家の分家という。今はやっていない。いつごろまでやっていた習慣なのかも今ではわからなくなっている。伊崎田には白鳥神社がある。ここのホイドン（神主）は代々本山家の一族が勤めてきた。ある時代、イチノカミというホイドンがいたが大変な法力の持ち主で、どんな険しい山や谷でも平気で馬に乗って駆け抜けたという。

霧島市湯之宮—霧島神宮駅前の集落で約百二十戸よりなる（昭和六十一年）。ここから川を四キロくらいさかのぼったところに木佐貫という集落がある。ここの人びとが昭和五年ごろ、湯之宮に移住してきた。このころ、木佐貫あたりでは豪雨による洪水が多く発生し、水田に石や砂利が流れ込み、住宅にも被害が及ぶことが多かったからである。あとには三戸しか残らなかった。

そこからもっと上流にあるアカダンからも、さらにもっと上流にあるトンダンからも同じようにして移住してきた。ダンとは「段」の意味であり、山間地から低平な沖積平野（下場、平場ともいう）への移住であった。山間地にある木佐貫などの集落はゴネ（郷内）といい、広いゴネヤマ（郷内山）を持っていた。冬に野焼きをして萱を育てたり、薪を取るために山のクチアケ（口明け）を定めるなど、古い生活習慣が残っていた。しかし湯之宮にはこのようなものはほとんどない。駅前にできた新興住宅地で移住者が多いからである。

以上の事例からいえることは、村が山間地から平坦地へと移動してきていることである。それは基本的には稲作への移行をものがたっている。谷川沿いの狭小な水田よりも、日光がさんさんと降り注ぐ沖積平野の広大な水田は生産力も高いし魅力的だった。沖積平野を洪水から守るための土木技術の発達も大きく貢献したのであろう。

村の組織　村の最小版は、向こう三軒両隣りであった。これをさつま町下手ではフレヒタという。フレとは、触れ、諸連絡のことで、これを周知・徹底させることは集落生活を円滑に進めて行くためには大切なことであった。戦時中に組織された隣保班制度が、その機能を全面的に引き継いで現在に至っている。かつて薩摩藩の徴税体制であった門が五、六戸でひとつの単位になっている場合が多かったので、その範囲は一致していたと考えられる。

フレヒタに当たる言葉として湧水町吉松には、ヒトイキンジョ（火取り近所）がある。火種を切らした時に融通ってもらえる近所のことで大切にしておかなければならなかったという。マッチが普及する以前のことを想定すると、火種は家の存続にかかわる問題であった。本書「食生活」の項で述べた不用になった臼を割って甍の見える範囲内に配る、こととともほとんど一致していたはずである。あるいは七歳になった子供が正月七日に七草雑炊を貰い歩く範囲ともだいたい、一致していたと考えられる。このような小集団をムラということもある。

今述べたフレヒタやヒトイキンジョの小集団がいくつか集まって五十～八十戸程度の小字《こあざ》（郷中、方限《ほうぎり》ともいう）をつくるのが通例である。これをムラということもある。このムラこそ本来的な意味での村ではないか、と私は考えている。

農村風景　昔はもっと屋敷木がうっそうと、おい茂り村の中は暗らかった。台風対策であった。建築技術の向上とともに屋敷木は伐られ、村の中は明るくなってきた。（指宿市開聞下仙田・平成24年）

「近ごろお会いしませんが、お元気でしたか」という挨拶言葉にはじまる風景は、どこでも日常茶飯のことである。このことを指宿市岡児ケ水や同成川では、「近ごろ、メッツラみらんが、元気しているか」という。今でもごく親しい間柄で八十歳を越えた年代の人はよく使っている。メッツラとは何か。メッとは目のことであり、ツラとは標準語と同じ顔のことである。顔の中に目があるのは当然のことである。それを論理的な矛盾としないで言葉をかさねたところに久闊《きゅうかつ》を喜び、元気で会えたことの幸せがあふれている。

田畑や野山に骨を埋めるようにして働く一時代前の農民にとってメッツラみえる範囲内が村の本来の姿であった。日常的に顔をあわせることのできる対面集団こそ、本来的な村であった。前述したヒトイキンジョやフレヒタでは共同作業、治安維持、郷土芸能活動などは不十分であった。

さらにこれらの小字がいくつか集合して（当然、五百戸前後くらいになる）、大字もしくは区をつくる。これをムラという場合もある。この場合のムラは古くはトコロ（所）といったのではないかと、私は最近考えている。

近年、鹿児島市に合併された旧郡山町花尾では、かつてトコロヨイ（所寄り）があった。各小字（ここでは郷中と称した）の代表が集合して大字《おおあざ》花尾に関することを協議した。これをトコロヨイといい正月七日と決まっていたので七日ヨイともいった。この時に屋根葺き用の竹一本、萱一束の値段や田植えの賃金などを決めた。六十戸くらいの大平集落では十名くらいの代表を出席させた。これを受けて正月十七日に郷中寄いを開いた。これには全戸主が出席する。なお、大平には二反五畝の郷中田があり、小作させて村の経費に当てていた。このような郷中田も戦後の農地改革によりなくなった。

指宿市山川成川区では区の事務所のことをトコロといい、その前の道路をトコロン木戸と称していた。同大山区でもかつてはこのように称していた。河川の治水・道路や公民館の建設、社会の進展によって五十〜八十戸の小字単位では解決できない問題が続出するようになったからである。そういう意味で今後、トコロという言葉に注目しておきたいと思う。

集落（小字、郷中、方限）とトコロ（大字、区）を分別するメルクマールは成文法を持つか、持たないかであると私は考えている。メッツラみえる範囲内では「村の規約」といったような成文法は必要なかった。メッツラみえる範囲を越えると何らかの成文法がなければ、組織体を動かすにはいろいろ支障が生ずるのである。

このように村という言葉は伸縮自在で、村人がどの意味で用いているかはケースバイケースで、おのずから判断できた。その上にさらに行政村が覆いかぶさっている。フレ、諸連絡は近年は放送施設の充実によりあるいは回覧板によりなされているところが多い。これが戦後しばらくのあいだまではニセ（青年）たちの任務であった。

次に阿久根市赤瀬川の場合について記しておきたい。

赤瀬川は大字で昭和四十年ごろ、約四百三十戸あった。ここはさらに小さく中村、段、牧之内、大尾《だいお》、浦の五つの小字に分かれている。ひとつの小字は約八十戸よりなっている。このうちの中村についてみるとさらにに小さく五つのコマ（講間）に分れている。築地コマ、出口コマ、平コマ、上ンコマ、下ンコマの五つである。平均すると一つのコマが約十六戸より成っている。葬式、屋根葺き、家建て、さまざまな講を実施する単位ともなっていた。

薩摩川内市高城《たき》町湯田ではコマに大小があった。葬式や家建てなどは大きいコマで、田の神講や地蔵講などは小さいコマでという具合に使い分けた。このようなコマの組織は川内から出水にかけての北薩地方に多かった。ただし、南さつま市栗野にもコマはあったが、これについては本書「信仰」の項で触れる。

コマと同じような役割を果たす組織を組というところもある。

牛馬が逃げ出し作物に被害を与えた場合のことは、本書「馬と牛」の項で述べたが、南薩地方のニセたちはこのような場合に取り締まる権限を有していた。山川利永では成文化されているわけではないが、このような被害に対しては、この程度の補償をする、と口伝で決まっていた。それを取り仕切るのがニセたちであった。

頴娃では一戸当たり飼ってよい鶏の数が決まっている場合が多かった。ここの長崎浜では一戸当たり六羽と決まっていて、時たまニセたちが巡回し、それ以上飼っている場合は没収してよいことになっていた。山川成川では牛馬のことはニセたちの権限であったが、鶏など小家畜はチッケンコドン（使い走りの子供）が取り締まった。放し飼いの禁を破った家から小額であったが罰金を取り立てることができた。ニセ組になった時の予行演習とでもいうべきであろう。

霧島市国分上井《うわい》でも放し飼いにしている鶏をニセたちが捕らえて罰金を取り立てた。ここでは道路や田畑に木の枝が伸びて支障となっている場合はニセたちが切り落とした。これをシャクサワリ（尺障り）といった。

村の生活は多岐多様にわたっており、ほかにもあぐべきことは多い。村の祭礼、民俗芸能の保存活動、河川や道路の草刈りや補修、火災や水害の被災者への救恤《きゅうじゅつ》、花見などの娯楽に関することなどがある。なかには行方不明者の捜索について不文律ながら、こと細かな約束事を持っているところもある。

ここで、村には広場がつきものであったことに触れておきたい。枕崎市真茅《まかや》は約五十戸の畑作農村であるが、ツイドン（鎮守殿）、北山神社などの小社がある。北山神社の前をドンマエ（堂前）といい広場があり、昔は村人の集合場所であった。寄り合いも郷土芸能もここでおこなっていた。子供たちの遊び場でもあった。盆から十五夜にかけては男の子の相撲取り場であり、綱引きもここでおこなわれた。

このような事例は北薩の出水地方でもほとんどの集落に存在した。出水市大川内青椎では、四坪くらいの萱葺き屋根の山の神さまはドドン（堂殿）といわれ広場があった。ここは乞食（ハチラッといわれていた）たちの泊まり場所でもあり、村人はこれを黙認する風があった。子供たちは「ハチラッ勧進、貰れ勧進、チョカにママてて（炊いて）、堂に泊まれ」と差別の言葉を投げかけたという。伯楽（馬医者）が巡回してきて馬に針を刺して血を採ったり、祭りのあとの直会《なおらい》や村寄り合いの場になったりした。

同じ出水市江川野の上宮さま、同高尾野柴引の馬頭観音などをはじめ、阿久根市から長島町にかけてのほとんどの集落にかつてはこのような広場が認められた。いずれもドドンと称されていた。ただし、合祀《ごうし》などにより場所は大きく移動したり、祭神も変動していることが多いので確認には注意を要する。

奄美大島の集落にあるミヤー（宮）という神事をおこなう場所と同じ役割を果たしていた。いずれも信仰にもとづいた場所が村人を束ねる役割を果たしていたといえる。現在の公民館や集落センターの役割を果たしていたことになる。

共有地　南大隅町佐多島泊《しまどまり》では、昭和四十年ごろに畑を個人所有に分割するまでは割り替えをおこなっていた。地味のよしあし、日当り具合、交通の便などを考慮して、一から七十の番号をつけ正月七日にくじ引きをした。常畑は五年間、切替え畑は十年間の耕作権があった。畑は狭い段々畑が多い。特に狭い畑のことをクワサキ（鍬先）といった。現在（昭和五十八年）は猿などがでてきて荒らすので、野菜や蜜柑を作る人はほとんどいなくなった。

佐多地区では多くの集落でこのような耕地の割り替え制度があったが、これを詳しく知っている老人はほとんどいなくなった。甑島でもこのような割り変え制度があったことは知られているが、報告書も多く公刊されているので省くことにする。

鹿屋市細山田馬掛《まかけ》は約六十戸の集落（ここでは方限という）であるが、約五町歩の方限山《ほうぎりやま》がある。屋根葺き用の萱立野は別に個人別に持っていた。毎年、冬になると方限山の野焼きをした。これをホサッといい、風のない日を選んで村人総出でおこなった。時には延焼して大火事になることもあった。春になると牛馬の餌となる草が芽を出した。ここは馬が多かったが、秣《まぐさ》が不足するようなことはなかった。したがって、山のクチアケ（口明け）というような制限はなく、いつでも自由に刈ってよかった。

肝付町高山岩屋も広いゴジュヤマ（郷中山）を持っていた。ここでも野焼きをしたが、広大な国有林に延焼することがたびたびあった。手のつけようがないので放置しておくと、川や山の尾根で自然鎮火した。そのころは国有林の草刈り、薪取りなど自由に利用していた。このことについて営林署も大正中ごろまではあまりきびしい取り締りはしなかった。

出水市大川内でも各集落ごとに共有林野を有していた。これをモエチといい、牛馬の秣や屋根葺き用の萱を育てた。ここの高牟礼《たかむれ》は約三十戸であるが、萱場が約五町歩、牛馬用の秣場が約九町歩あった。これらのモエチは十九株にわけられていた。かつては十九戸の集落だったのであろう。離村する人の株を買い集めて六株持つ人もいた。山の口明けは正月過ぎの村寄り合いで決めた。もっと古い時代は、国有林もモエチ同様に利用することが許されていた。大正時代になるころから営林署による取り締りがきびしくなった。

肝付町高山大脇には明治末年まで、ゴジュメン（郷中免）という約四反の水田があった。湧き水を利用した田で毎年、旧十二月十五日に入札することに決まっていた。この借地料で集落の経費をまかなった。イイモン（移住者）は焼酎一本で郷中入りは許されたが、ゴジュメンに対する権利は別途にお金を払わせた。この日は入札後、サンニョユエ（算用祝い）があった。年間の収支決算報告などをし、協議事項を話し合った。「村金」という積立金もあり、利子付きで貸していたのでその会計報告もあった。鶏を何羽もつぶし大根などと煮込んで大いに焼酎を飲んだ。

焼酎はある制限量まで自家製造が許されていた。制限量以上に造っていないか、着剣した官員がやってきてきびしく検査したという。巡査か、税務署員かどちらかだったのであろう。村人はこれを焼酎官と呼んでいた。実際は制限量以上に造るのが常だったようで集落長（常会長、小組合長となった時期もあった）などは見張りをたてたり、口裏を合わせるために右往左往した。明治中ごろまでこのようなことが続いていた。

村の階層　芦北町大尼田《おおにた》は地主である旦那と小作人であるナゴ（名子）に分かれていた。旦那は役場のある佐敷に住んでいることが多く、役場の吏員、学校の教員が多かった。したがって農事にはうといので、大尼田の名子の中から信用できる人を代理人として使っていた。この人の意見によって小作料の減免、次の小作人の決定、田畑の補修工事などを決定したので、小作人にとってはこわい存在であった。このようにして名子の中にも上下関係が生じてきた。

葦北地方の名子制度と似たものに出水地方ではフダという制度があった。フダは「札」からきたか、「譜代」からきたかというふたつの説があるが、私は後者のほうが正しいだろうと考えている。高尾野のK家は地主であり、五人のフダを有していた。旦那の家に所属した年代の古さによって一番フダ、二番フダ、三番フダと呼び分けられていた。

ある人がK家のフダになったのは次のような経緯からであった。

この人は米ノ津の貧農であったが、大正のはじめごろ火災にあい、生活に行きづまった。K家を頼ってきて村はずれの畑に家を作ってもらい、田畑の小作をするようになってなんとか生計が立つようになった。もっとも新しいから五番フダだった。お寺の宗派までK家と同じものを許してもらった。

小作料のことはジョノ（上納）といい、納めた籾がよくなければマス（升か、もしくは増すか）を要求された。加徴米というべきであろう。このような話し合いにも、最終的な判断にも地主は一番フダのいうことを重んじた。小作米を入れる俵も二重にし、ほかの規格もいろいろあってきびしかったので、フダたちは夜遅くまで準備に追われた。十二月上旬に小作料納めがあった。この日の夕方は地主の家でご馳走がでた。この時の席順も一番フダが上座、二番フダが次と決まっていた。

もっとも苦痛になったのは、旦那から、「麦刈りだから加勢してくれ」「芋掘りだから加勢してくれ」といわれることであった。これは絶対に断ることはできなかった。これをゴクジョビヨ（食うだけの日雇い賃）といった。昼食と夕食を提供されるだけであとは一銭も貰えなかった。冠婚葬祭はもちろんのこと、年末の垣根補修などにも無償で働かなくてはならなかった。加勢を断れば小作地を取り上げられることは明白であった。

農地改革によってこのようなことはなくなったが、今（昭和四十五年）でもかつてフダであった年寄の中には、盆正月になるとK家の位牌参りに行く人がいる。しかし、若い人はまったく行かない。

出水市の麓《ふもと》集落（郷士たちが集住している）は、今でも昔日の景観を残していることで有名である。ここにはかつてオヤシモンという隷農がいた。いつごろまでいたのかは判然としない。ここの有力な郷士の家では、生活の苦しい貧農の子（男の子に限る）を貰ってきて育てる。小さい子供のころからデカン（下男）として仕事をしつける。大人になったら大川内の山林の開墾に従事させ、あとは隷属性の強い小作関係になる。麓の有力な郷士たちは広大な山林を有していた。オヤシモンとは、「育てる者」という意味の方言である。

このような郷士兼地主の家族の呼称にも明らかな差別があり、父をダンサン、母をコイサン、息子をチゴサン、娘をオゴサンといった。一般の農家の娘はオゴジョといわれた。このような山地主の中には炭焼きをする人を雇い入れることもあった。これをヤマコ（山子）といい、出来高により報酬を得た。山地主のことはサトヤド（里宿）といい、田植えの時はヤマコたちが無償で加勢にきたが、オヤシモンほどの隷属性はなかった。

阿久根市脇本の岡の上に脇本小学校がある。この周辺に十三戸の郷士の家があったので、地域の人びとは十三ケ屋敷と称していた。しかしこの郷士は、島津家の家臣でも陪臣でもなく、それ以前からの在地の土豪であった。これらの郷士は自ら農業もやり、地主でもあった。小作人はこれらの郷士を旦那と呼び、旦那は小作人のことを下人と呼んでいた。ここでも旦那に対する無償労働が小作人を苦しめていた。

長島町川床やその周辺には出水地方のフダに当たるものとしてケゴコがいた。ケゴコとは、「家の子、郎党」という場合の「家の子」にさらに経済的、社会的弱者を意味する「コ」がくっついたものであろうと想像している。

南さつま市坊津では船主が貧農の子をお金で買ってきて、カコ（水夫）にする習慣があった。十三歳になると鰹船に乗せ、一人前になると嫁を持たせる。家屋敷はなくて一生涯を網元の有する長屋で過ごした。長屋のことをカコヤシキといった。子供が生れると船主が産着をくれたという。このようなカコは一生涯、船主を変えることは許されなかった。

次に大隅半島についてみてみたい。大根占神ノ川の網元は海岸にたくさんのタッガラ（竹殻）家を持っていた。竹を割り、たがい違いに組みあわせた屋根で粗末なものであった。八畳一間で畳もなく蓆を敷いてあった。真ん中に囲炉裏があり、ここで煮炊きをしながら家族みんなが生活した。ここに西目（薩摩半島）から移ってきた人びとを、八田網のコンゴ（フナコ）として雇い入れて住まわせた。米、味噌を支給したので翌日からでも働かせることができた。これらの出費は借金として残り、コンゴたちはいつまでもタッガラ家からでることはできなかった。台風の時は高波に一飲みにされる危険性があるので、みんなが網元の家に避難した。網元の家は土間から倉庫まで、人でごった返したという。

大崎町の郷士はたいがい、ホイノバン（堀の番）をもっていた。西目から移ってきた人びとに土地をあたえ開墾させる。移住者は粗末な掘っ立て小屋をつくり、屋敷を取り囲むようにして台風対策として土手を築いた。これが堀で高さ二メートル、幅三メートルくらいある。そこにカシ、クス、シイ、ツバキ、カキ、ウメなどの屋敷木を植える。いずれも有用樹でやがては鍬の柄になったり、椿油を取ったりした。

Y家の場合は、このようなホイノバンを二十戸も有していた。冬になるとホイノバンの人びとはY家の山から自由に薪を取ることが許されていた。そのかわり、Y家の一年間の薪も取ることになっていた。Y家は自らも手作り地を持って農業を手広くやっていたので、農繁期になるとホイノバンに加勢をさせた。ホイノバンは自家の仕事よりもY家のほうを先にせざるを得なかったので、播きつけの好機を失することが多かった。小作料は別に支払った上でのことである。年末になるとホイノバンの人びとは、米一升と鏡餅をY家に届ける習慣になっていた。

錦江町大根占の町から崖道を登った山中にO集落がある。ここの故老Aさんは明治三十二年生れで現在、七十八歳である。父の代に日置郡湯之元からスノヤマ（樟脳焚き）にきた。よい作場（耕地）があると誘われてきた。国有林の楠の払い下げを受けて独特のツノ（斧）で削り蒸籠《せいろう》で蒸した。冷やすために大量の水が必要だったので川のそばに釜場は作ってあった。一方では山の開墾に取り組んだ。地主は根占の町に住んでいるB家であった。

ジョノ（上納、小作料）は仕明地《しあけち》（開墾地）だったので安かった。常畑になると高くなった。

Aさんは小さいころから父親といっしょに働いた。ここでも無償労働があり、大変だった。田植えの時は暗いうちに起きて、牛を曳いて三里の道を急いだ。日当は一銭も貰えなかった。

旦那のBさんはかならず年に一回は巡回してきた。そのときはO集落全体で鶏をつぶすなどしてご馳走した。O集落全体がB家の小作人であった。このような関係をここではオヤッコといった。オヤがB家、コが小作人である。農地改革でこのようなこともなくなった。

薩摩藩における租税確保体制である門《かど》割《わ》り制度は名頭《みょうず》（もしくは乙名《おんな》）と数戸の名子《なご》より成る。通常の場合は一人の名頭と名子より構成されていた。名頭にはいろいろな優遇策が与えられていた。

南薩地方では名頭ではなく、乙名ということが多かった。頴娃《えい》青戸《あおと》や枕崎市俵積田《たわらつみだ》などでは乙名どんの家は大きいのですぐ分かるといわれた。屋敷も広く村中に四、五反も持っていた。名子の家は一反を少し越える程度が多かった。

枕崎市の別府台地にある松崎集落は戸数二十戸くらいの小さな集落である。藩政時代、ここはすべてが松崎門《かど》であった。ここの乙名屋敷は東側の小高いところに約四反あった。しかも石垣にかこまれ、家も大きく名子の家とは一目しただけで違いが分かった。

小野重朗氏が昭和五十七年に刊行した『九州の民家』（慶友社）に掲載されている指宿市東方道上《みちうえ》集落の中崎門《かど》の場合をみると、同敷地の中に乙名一人と名子四人が軒を並べている。この敷地はうっそうたる屋根山に囲まれており、木戸口も井戸も穀物干し場も共同利用になっていたという。隣家とは垣根すらなかった。門が乙名と名子に分裂しておらず、いまだ一体性を保っていた。先述した松崎門との差は歴然たるものがある。指宿の中崎門のようなタイプが歴史的にみて初期段階のものであり、松崎門のようなタイプが後期のものであるとした小野氏の説は正しいといえよう。

枕崎市のやはり別府台地にある、中原集落の甚五佐衛門という乙名は別府地方全体の、責任者の地位を与えられていたという。乙名どんを引き連れて、近くにそびえる国見岳（三九六メートル）に登り、門地割り替えの話し合いをしたと伝えられている。「国見岳」という語にも注目したい。クニという語にはいくつかの郷を集めた程度の範域をしめす意味もあるからである。

これから先は推測になるが、割り替えの素案を作り、藩当局に提出したのではなかろうか。地域の実態を熟知していたであろう乙名どんの集まりであるから、それは十分可能であったはずである。乙名と名子の分裂はこのようにして進行していった。明治維新以降の地租改正において、土地の所有権をめぐる紛争が多く発生している。多くは維新前の特権を維持しようとする乙名と、それを阻止しようとする名子との対立に起因しているようである。

曾於市広津田は七つの門からなっていた。七人の乙名の家はいずれも財産が多かった。特別に与えられている田畑のことをメッツュといった。メッツュの字義は今のところ不明である。メッツュの面積はそんなに広くなかったが、日当りがよくて水掛りのよい良田が多かった。なお、広津田全体で戸数は四十六戸あり、これには隠居は含まれていない。これをツッケ（つきあい）戸数という。隠居を含めると五十四戸になる。

鹿屋市百引上平房《もびきかみひらぼう》では、年末になると乙名どんの庭バレというのがあった。半日かけて名子が乙名どんの家の垣根を補修し、庭を掃除してシラス（火山灰）をきれいにまき、正月の準備をしたという。

西から東へ　阿久根市脇本の北に連なる笠山の山中にセゴロ屋敷という小字がある。いつの時代のことか分からないが、天草方面から年貢逃れのために移住してきた人びとが、山中でひっそり生活していたという。しかし水が不足して生活ができず、ふたたび高尾野方面に移住していった。

出水平野は天草地方からの移住者の多いところである。移住してきた場合、村の有力者を頼って村入りをおこなう。これを「草鞋を脱ぐ」という。これ以降これらの家は「中宿」と称された。ここのH集落をみると、もともと、郷士と百姓から成り立っていたので、中宿が加わることにより三つの異質な出自から成り立つことになった。神社も郷士たちは諏訪神社を、百姓たちは熊野神社を持つのに、中宿の人びとは神社なしの状態がしばらく続いた。郷士たちは麓（郷士たちが集住している集落）だけでなくてこのように農村部にも居住していた。

霧島市堀之内のNさんという故老（女、明治二十九年生れ）から話を聞くことができた。昭和六十一年二月のことである。以下はその内容である。

Nさんの父は忠作といい、安政年間（一八五四～六〇）の生れであった。父忠作が六歳の時に庄内に移住してきた。おそらく明治維新直前のころであったろう。当時の歌に

行こうか、はっちこかいショネ（庄内）さね行こうか
ショネン萱ン葉にゃ米がなる

というのがある。そのころは、今の霧島市隼人浜之市から東のほうは漠然とショネといわれていた。忠作の父は松右衛門といい、住んでいたところは川辺郡勝目村中山田であった。松右衛門の父は庄造といい、庄内移りをする息子松右衛門一家を見送り、川辺峠まできた。当時、川辺峠には茶店があった。ここで休憩し、忠作を馬からおろすと、「おれはショネには行かんぞ、庄造じいげおっど」といって逃げまわった。忠作を取り押さえながらみんな涙ぐんだ。このことは強く印象に残っていると、何回も父忠作から聞かされた。松右衛門一家は今の宮崎

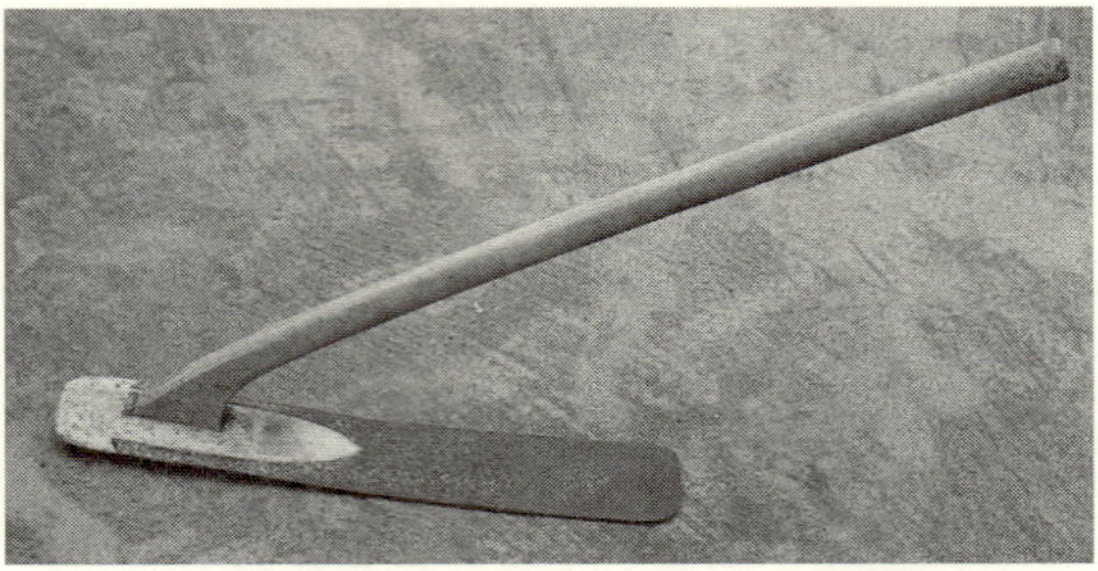
オデグワ　木の台に鉄の刃がはめてある。（曾於市末吉柿ノ木・昭和57年）

県えびの市に落ち着いて農業で生計を立てた。父忠作の弟が霧島市の田口に移住していたので、Nさんはこちらのほうに縁づいてきた。夫は大工でNさんは農業をやってきた。

曾於市末吉柿ノ木で、明治三十七年生れの故老（男）から話を聞くことができた。曾祖父の代に加世田（南さつま市）からギッチョ鍬一つ持って移ってきたと伝えられている。ギッチョ鍬というのは、オデ鍬（木の台に刃先だけが鉄になっている）のことである。ギッチョ鍬ひとつというのがこの家の伝説のようになっていた。兄弟や従兄弟たちがこの付近の深川、南之郷などに住み着いている。

昔はこのあたりでは「西目男に、東目女」といわれていた。西目（薩摩半島）から移ってきた男はジョ（性、根性のこと）が強くよく働くので東目（大隅半島）の女たちが好きになって夫婦になりたがるといわれた。このような西目から東目への移動は藩の人配《にんぺー》政策の一環であった。天草から出水へ、薩摩から大隅へと人の流れが常に西から東であったことは注目される。

村の制裁　村の秩序を守るために程度によってさまざまな制裁が加えられた。人に笑われる、うしろ指をさされる、陰口を叩かれるなども制裁であった。度を越した場合に村人との交際を断たれる、すなわち村八分ということになる。本県でこれをなんといっているかを、北から順にならべてみる。

出水市掛腰　　ヤカン

同　松尾　ヤカン
同　名古　ウッパナス
同　丸塚　ヤカンもしくはケゴハナシ（家郷離し）
同野田屋地　ツッケハナシ（つき合い離し）
阿久根市脇本古里　ヤカン
同　赤瀬川段　ムラゴハナシ（村郷離し）
同　牧之内　マイゴッ（意味不明）
同　園田　ゴハナシ（郷離し）
同　波留《はる》　村ハジッ（ハジッとは放つこと）
川内市西方　ホベハナシ（朋輩離しか？）
南さつま市笠沙　ウイナベ（大鍋）
枕崎市小湊　ハナレゴまたはウッパナス
霧島市溝辺　チョカカレ
曾於市末吉馬渡　方限《ほうぎり》バナシ
同　岩川広津田　郷バナシ
錦江町大根占笹原　ヤカン
同　宮脇　ヤカン

ヤカンにされる場合はどのような時か。出水市横尾では、民家に忍び込んでお金を盗んだ場合、野に干してある稲を盗んだような場合などである。それにもまして重要なことは、本人に反省の色があるかどうかであった。村人との交際を断ち切られたらほとんど生活できないので、有力者を中にいれて詫び許されることが多かったようである。

ヤカンとはどういう意味からきたのであろうか。百姓が村を追放されてもお湯を沸かすためのヤカンだけはどうしても持って行く必要がある。百姓にとってお茶は必需品である。そういう意味から生じた言葉であろう。ヤカンという言葉によって炊飯器全部を象徴していると考えもよいだろう。笠沙のウイナベ（大鍋）も意味するところは同じである。

熊本県下益城郡美里町砥用では村八分のことをカンナベ（燗鍋）という。この言葉は九州一円に広く認められている。いずれにしても飲食の道具に象徴させていることが注目される。

第二節　相続慣行・親をみる

北薩地方　昭和四十八年春、熊本県津奈木駅の近くで老婦人と話をする機会があった。水俣駅のすぐ北の駅である。老婦人は「薩摩では息子が嫁を貰うとすぐに別居・隠居するそうだが、ここではとても考えられないことだ。そんなことになれば親子で、特に嫁との仲がうまくいかないからだろうと世間の噂になる。だからこのあたりでは隠居は一軒もありませんよ」と語ってくれた。県境（藩境でもある）を越えると、こんなにも慣行が違うものかと少なからず驚かされた。

それからしばらくして芦北町佐敷の町はずれのゲートボール場で十一人の老人とお話をする機会があった。別居・隠居している人は一人もいなかった。老齢になって所帯を息子に譲ることはあっても別居することはないという。跡とりは長男だから、財産分けにおいては長男を優遇する。これもこの地域の昔からの習わしだから、ほとんどの者が疑問を持たずにやっている。

もちろん、戦後社会の大変動により子供たちもいろいろな職業を選択する時代になったので、かならずしも長男にというわけにはいかなくなった。この地域全体がそうである。所帯を譲るのは息子に子供が二人くらい生れたころが多いようである。また、あまり早く所帯を譲ると、お金に不自由することがあるのでよく考えてからしないといけない、という年寄もいた。

出水市横尾の場合は長男が嫁を貰うとできるだけ早く、親は次男、三男を連れて家を新築して別居する。元の家には長男がおり、先祖の位牌もここに祭ってある。次男が嫁を貰うと同様にして三男を連れて新築の家に移る。三男が嫁を貰い子供が二人くらい生れたころに親は長男のところに帰る。

親は田畑合わせて三～四反の隠居扶持を持って引き移るので、長男のところに帰ってきても働けるうちは独立して農業を続ける。住む場所も長男の家の裏に小さな隠居屋か、サシカケ（庇）を作り別居、別財、別食の生活を送る。働けなくなったら隠居扶持は長男が相続し、食糧などもすべて長男が与える。親が長男の家に帰りつかないうちに死亡した場合も、隠居扶持は長男に返す。親の葬式、先祖の法事なども長男がやるので隠居扶持は位牌分だと考えられている。

どうして親がこのように移住をくりかえすのか。子供の躾をするためだという。躾という言葉の中には農業上の技術的なことから、村人との交際まで百姓としての生活万般が含まれている。盆・正月には位牌のある長男の家に線香をあげに行く。次男、三男にとっては兄の家でも親にとっては、今の家は仮住まいであり本来の自分の家は、長男が今住んでいる家だという意識は強い。したがって長男といっしょに法事なども進めて行く。兄の家は元家という場合が多い。本家という言葉はまったく使わないわけではないが、あまり使わない。

次男、三男を連れて新しい家に移っても、道路普請や川掃除などの負担は掛ってくる。このような形を隠居分家と称しているが、本当の意味で隠居になるのは長男のところに帰ってからである。このような相続制度が出水平野や大川内のような山村でも支配的であった。

次に八代海に面した出水市江内下《さが》り松《まつ》の場合をみてみたい。農業中心の集落である。

七十六歳になるある故老は、三人兄弟の末子であり親を最後までみた。やり方としては前に述べた横尾の場合と同じであるが、大きな相違点は、親が長男の家には帰らず末子と一生を終えることである。位牌も長男の元家には残さず持ち回るから、横尾の場合とは明らかに違う。

田畑は均等に四分の一ずつに分けた。したがって最終的に末子である故老は親の田畑も相続するので四分の二を相続したことになる。先祖の法事なども位牌を持つ末子がおこなう。兄たちは末弟の家を先祖元、位牌元とはいっても本家ということはなかった。横尾の場合が隠居分家による長子相続であったのに対して、ここは隠居分家による末子相続である。下り松と同じような型が阿久根市佐潟にもある。ここは潜水漁法もある古い半農半漁の集落である。ここの民謡に、

いやじゃ　いやじゃよ
カカイゴの嫁にゃ　金の袖に巻かれても

というのがあった。カカイゴとは「親が懸る子、末子」のことである。末子の嫁になるのを嫌がっているのである。これに対して、

スヨ息子の嫁にゃビンタ（頭）一つ打たれても　はっちけ（行きなさい）と諺のようにいわれていた。スヨ息子とは、惣領息子すなわち長男のことである。長男は親の面倒をみる必要がなく気楽だから、頭を打たれてでも嫁になったほうがよいという。このような型の相続制度が同じ阿久根市の黒之浜、折口、牛ノ浜、さらに海を越えた長島町塩追などにも分布している。いずれも海岸地帯である。

これに対して阿久根市田代では出水市横尾と同じ隠居分家による長子相続制度がみられる。田代は市街地から東へ相当離れた山村である。海村型＝隠居分家による末子相続と山村型＝隠居分家による長子相続のふたつのタイプがある。横尾は出水平野の中央に位置するので山村とするのは無理があるとすれば、内陸型とするのが妥当かもしれない。

南薩地方　南薩地方は巨視的にみるならば、末子相続地帯であるといえる。南さつま市高橋では、末子が親の面倒をみることをシイタレガレという。シイタレとは末子のこと、カレとは背負うことを意味する。親を背負って人生を歩く、親を扶養することである。ここに限らず一般的に、南薩地方では次のとおりおこなわれていた。

男の子が三人おれば、長男が嫁を貰うとできるだけ早く家を作り、長男が新宅に移る。次男、三男と親は元家に残る。次男が嫁を貰うとできるだけ早く家を作り次男がここに移る。三男が嫁を貰うと元家の近くに隠居屋を作り親がここに移り住む。二夫婦の同居をできるだけ早く解消する。

田畑は四分の一に分ける。親の分を隠居扶持、隠居地、位牌前などといい、若干少なめであるが交通の便のよいところを当てる。

親も元気なうちは働き別居、別財、別食をつらぬく。親が働けなくなったら末子がすべて面倒をみて、隠居扶持なども相続する。葬式、法事などもすべて末子がおこなう。

本家、分家という言葉はほとんど使われていない。末子の家を位牌元ということはある。注意して聞くと、「分家する」という言葉でなくて「分になる」と表現することが多い。分になる時はすべて均分相続である。味噌醤油、茶碗皿、茶の葉、叺や蓆、鎌鍬に至るまで人数によって分けた、というところが多い。

山川成川の財産分けの実態をみてみたい。昭和二年に分になった事例である。末子である次男が親をみた。

宅地	長男	四畝
	次男	六畝
	隠居扶持	五畝
水田	長男	一反八畝
	次男	八畝
	隠居扶持	一反二畝
畑	長男	二反六畝
	次男	四反八畝
	隠居扶持	二反
山林	長男	四反四畝
	次男	五反六畝

調査内容の詳細は省略するが、末子相続の頻度を算出したら山川成川のある集落で約八十七パーセント、頴娃御領のある集落で約七十三パーセントであった。北薩の阿久根市牛ノ浜のある集落でも約六十七パーセントの数値を示した。

内藤莞爾氏は著書の中で「末子相続では、親子夫婦の同居、即ち直系家族の形態を回避しようとする傾向が現われる。裏からすれば、[核家族]化への方向である」と記している。[16] その極端な形は本書「婚姻」の項で述べる、枕崎市木原集落の例である。

県下ほとんどの地域で、「コッテ（牡）牛でうせこもよっかい、口減らせ」といわれている。大量生産するための大家族制度をとらずに、小量生産でよいから口減らしが先だ。そのためには長男であろうと次男であろうと関係なしに、自立できるものから先に外に出していく。自立がいちばん遅い末子が結果として、親の最後をみとることになるのである。口減らしの終着駅が末子相続であった。そういう意味で「末子相続制度」ではなく、「末子相続慣行」がふさわしいと思う。

大隅地方　鹿屋市近郊の農村地帯で、「床下の砂から猫の皿まで長男のもの」という言葉を聞かされた。しかしある時、上祓川のある故老から「それは親がみてもらうための誘い水に過ぎない。実際はいろいろあるはずだ」と聞いた。注意深く調べてみると、いろいろな事例があることが分かった。

曽於市祝井谷《いわいだに》―男の子の誰をカカイゴ（懸る子）にするかは決まってはいない。本人の希望、仕事の関係、性格などいろいろであるから最終的には親が決める。だから一概にはいえない。

鹿屋市吾平神野―長男が嫁を貰い、しばらくしてから家を作り分になる。これを繰り返し最終的に元家に残るのは親と末子である。末子が嫁を貰うとしばらくして元家のそばに隠居小屋を作り、親は隠居扶持を耕しながら別居、別財、別食の生活を送る。ここでは隠居扶持のことをイヘマエ（位牌前）とか、ハカメイマエ（墓参り前）といっている。働けなくなったら末子がこの田畑を相続し、親の面倒をみる。これをオヤヤイネ（親養い）という。

鹿屋市大姶良瀬筒《おおあいらせづつ》―吾平神野とほとんど同じである。この周辺の池薗、飯隈、名貫なども同じである。このあたりは幕末に谷山から移住してきた人びとの子孫が多い。

肝付町高山池之園―男の子が二人いる場合は次のとおりする。

長男が嫁を貰いしばらくすると、家を新築しここに長男が移る。元家には親と末子が残る。このとき財産分けをする。田畑は三分の一ずつにするが、隠居扶持はやや少なめで田二反、畑一反くらいである。末子が嫁を貰いしばらくすると、親は長男の家のそばに隠居小屋を作り移る。働けなくなったら、田畑は長男が相続し親の面倒をみる。先祖の位牌も長男が引き継ぐ。ここでは位牌元は長男のところ、元家は末子のところとなる。どちらかの家が豪壮であることはまったくない。

錦江町大根占笹原―隠居分家による長子相続が多い。父親を長男がみて、母親を次男がみることもある。

錦江町田代猪鹿倉《いがくら》―親をみるのは昔から長男と決まっていた。共有林野が今でも約二十町あるが、二十一名の長男株だけが権利を有している。委員会を作って管理している。

大隅地方には一定した相続慣行はなくて、親の意向や各家の事情によって決まる場合が多いようである。これも薩摩半島からの移住者、西目移りの者が、故郷の習わしを持ち込んだ場合があるためかもしれない。郷土芸能などでも、「自分たちのところは谷山から移ってきた人が大部分だから棒踊りも谷山のものとほとんど同じだ」といったようなことが多い。

まとめとして次の三点を指摘しておきたい。

A　二夫婦の同居を避けるために隠居制度が発達している。本書「婚姻」の項で述べる枕崎市木原集落の例などはその極致である。

B　財産は均分相続が徹底している。したがって本家、分家の観念がほんどみられない。但し、郷士、地主、商家などは別で、長子相続である。

C　親からの財産相続という権利よりも、親の扶養という義務が常に重点課題になっている。

なお、出水市大川内青椎《あおじい》では、化粧田《けしょうでん》の習慣があった。豊かな農家が嫁入りする娘に対して持たせてやる田や畑のことである。ただし、一期分《いちごぶん》であった。本人が死亡したら実家の当主（甥など）に返すことになっていた。面積は五畝くらいで、明治時代中ごろまでこのような事例があった。

出水市高尾野砂原ではバッサンダ（婆さん田）という習慣があった。年老いた男が後妻を貰ったあと、とかく先妻の子供たちとの間に仲たがいが起こりやすい。だから男が死んだ場合も生活が成り立つように一定の田畑の所有を保障したのである。

第三節　年齢階梯制・加齢とともに

子供組　最初に、昭和十年ごろの指宿市開聞入野の子供組について述べてみたい。ここでは年末冬休みになると男の子たち（トオハンという）はヨイエ（寄い会）をする。米、味噌、野菜などを猫車に乗せて集める（ここは何をするにも猫車を使用するところである）。宿は十五歳の頭《かしら》の家である。朝食は粥、昼食は飯と味噌汁、夕食は雑炊と決まっていた。みんなで騒動しながら食べるので楽しかった。ここで二泊三日を過ごした。寝具は各自で毛布や丹前などを持ち寄った。

昼間は山から竹を切ってきて、メジロ籠を作りそれができあがると、メジロ獲りに行く。メジロのことを方言でハナシという。開聞山麓なので雑木林が多く、冬でもカタシ（椿）の花が咲いてハナシが群がってくるので狩場には不足しない。籠つくりからおとりの仕掛けのやり方まで下級生は、補助的な仕事からはじめてだんだんと、上級生のやり方を覚えていく。

これ以外にも正月六日の鬼火焚きの材料を集めたりする。あるいは弓矢を竹で作って正月遊びの準備をする。最後の夜はニセたちや周辺の人びとが集まってきて竹竿に籠をつけ、ミカンやカキなどを差し入れてくれる。子供たちはこれを受け取り、丼などに雑炊を入れて返した。これをヨイエ吊りといって大騒動になったという。

弓矢は正月遊びとして非常にさかんであった。入野の子供たちを東西に分けて、的を転がして射る。的は竹輪に藁を編んだもので、これを投げて回転しているところを射た。三本当てると相手から三人の捕虜をとる。相手が四本あてると、三人の捕虜を帰した上に、一人の捕虜をつけてやらなくてはならない。村人もでてきて応援するので賑やかであった。

正月七日には海岸で鬼火を焚いた。この火のもえさしを各家の木戸口に突きさして供え、餅やお金をもらった。正月十五日に九歳の男の子たちの子供組への加入式があった。子供組の頭の家であったのでカシタ祝えといった。この時は猫車を押して餅と野菜を各戸から貰い集めて、餅汁を作って食べた。この時の頭はヨイエ吊りの時に十四歳であった子供である。

入野では、九月になると十五夜綱引きの準備として萱取りがはじまった。日曜日には弁当持ちでカンネンカズラ（葛）を取りに行った。これらの萱や葛は青年小屋においていたが、他村の者から盗まれないように寝ずの番をしたという。十四、五歳の子供が泊り込んで番をした。これは県下一円にわたって広くあったようである。正月七日の鬼火焚きの時も、寝ずの番をするところがあちこちある。熊本県北部の玉名郡菊水町あたりにもこのような習慣があると聞いている。ニセ（青年）たちの泊り宿の習慣の予行演習なのであろうか。

入野では十五夜綱引きは子供組対ニセ組でおこなった。大人や女は子供組の加勢をするので、村中が大騒動になった。ニセたちは焼酎を飲んで子供たちをいじめたり追っかけまわしたりした。この夜の子供たちは白い手拭いを、糊付けして三角帽子のようにしてかぶったという。綱をなってくれるのはニセたちであり、子供たちは助手となる。ニセ組と子供組との協力と抗争が予定され、組み込まれている。このような協力と抗争の関係は南九州の地において広くみられる習俗である。

頴娃のある集落で、十五歳の子供が十五夜の綱をなう途中でニセたちから壁結びを習うだけでも大変な進歩だと聞いた。このあたりでは垣根のことをカベ（壁）という。これの結わえ方が壁結びである。これができるかどうかが、子供と大人の違いというくらい重要なことである。十五夜綱引きは、そのような仕事のコツを習得する好機会であった。

次に出水市武本上屋《うわや》における子供組のヨイ（寄い）について記しておきたい。

子供組のことをチゴ（稚児）、その頭をチゴ頭といった。チゴ頭から「今夜はヨイをやるぞ」といわれると子供たちは夕食を済ませてオイカンさまという神社の境内に集まった。カシ、クスなどの大木が茂っていて昼間でも子供たちにとってはこわい場所であった。ハチラッ（乞食）の寝泊りする場所でもあったからである。チゴ頭を中心にして吟味がはじまる。「隣の家の蜜柑を盗りました」といった自己申告からはじまり、他人の罪状を告げなければならない。その程度により注意や叱責を受け、あるいは体罰に至ることもある。この夜のことは一切親に告げることは許されない。子供の世界のことは子供たちの自律に任されていた。

このようなヨイは戦後三年くらいは残っていたがその後まったく姿を消した。集落によっては川原や村はずれの藪原でおこなったのでヤブヨイというところもあった。このようなことは県下各地に多くみられた。

子供組のことを何というか。開聞入野でトオハンと称することは前に述べた。「十歳代の半ば」から起こったものであろう。甑島の平良や江石ではチゴん子供またはソウダンズという。ソウダンズとはどういう語義から起こったかは不明である。枕崎やその周辺では、ツナン子供というところが多い。十五夜綱引きが、一番重要な行事だったから起こった名称である。

山川成川ではチッケン子供という。チッケとは、「使い走り」から起こった。幼児と違い、使い走りができる程度には発達した子供という意味である。鹿屋市野里ではデフン子供という。ここでは十四歳をデフン頭という。デフンとはどのような意味から生じた言葉であろうか。県下では一般的にコドンノシ（子供ん衆）というところが多い。

阿久根市倉津では十四歳をホン頭《かした》、十三歳をヒタ頭、十二歳をナルッ頭といった。一番下は小学校一年生であった。子供組内部での役割を現しているのであろう。

ニセ組　熊本県葦北地方でもニセ（青年）という言葉を使うことがあるが、薩摩からの移入語であると故老たちも断定している。逆に本県北端の獅子島ではあまりニセという言葉を使わず、天草風のワッカモン（若い者）ということが多い。

ニセ組の内部が年齢によってどのように構成されていたかいくつかの事例を示してみたい。

○阿久根市赤瀬川中村

コシンマッ　　十五歳
テマジケトイ　　十六、七歳

コニセガシタ　十八、九歳
コシンガシタ　二十三歳
カシタ　二十四、五歳

コシンという言葉は「庚申」から起こったことは間違いない。このあたりは、庚申講が非常にさかんなところであった。

○阿久根市倉津

コニセ　十五～十八歳
ニセガシタ　十九歳
チュウコロ（中ころか）　二十～二十五歳
オセ　二十六～三十五歳

○阿久根市波留

茶番ニセ　十五歳
コニセ　十六～十八歳
ニセガシタ　十九歳
チュウコロ　二十～二十五歳
幹部　二十六～三十歳

事例が阿久根市に偏したが、一面からいえばニセ組がごく近年までその機能を発揮していた地方といえるだろう。

ニセ組に加入する年齢は、本県の多くの地域では十五歳である（現在の中学二年生になる）。脱退するのは一定していないが、年齢にかかわらず、結婚したら実質的には脱退というところがほとんどである。阿久根市大漉《おおすき》では十五〜二十五歳をニセ、二十六〜四十五歳をサンゼ、四十六〜六十歳をジュウゾウと称した。サンゼとは、三歳のことで他地区でもよく聞くが、ジュウゾウとはどういう意味なのかわからない。

南さつま市栗野は枕崎市に隣接する農村であるが、ここのニセ組について述べたい。ニセ入りは正月七日にあり、かならずサトイモの煮たものを食べることになっていた。この時に新入りのニセはかならず歌を歌わされた。ニセ入りの時に歌わせるところは、ほかに阿久根市鶴川内桙や同市折口永田下でもあった。これは県下各地に点在している。本書「山樵」の項でも述べたように帰属感、一体感を高めるために歌が大きな役割を果たしていたのである。

栗野では、十五〜十九歳をツケマワイ（使い回り）といい、各戸への触れ、連絡を担当した。このうち十九歳をカシタといい、ツケマワイの総責任者であった。連絡事項が村内に徹底されない時は、ツケマワイがたるんでいる証拠だといいカシタが二十五歳の幹部からきびしく叱責され、折監を受けた。したがってカシタは常に下の者にきびしかった。

栗野ではニセに入ると毎晩、集会所（昔は青年小屋といった）に泊まることが義務づけられた。ここで触れの稽古をきびしくしくしつけられた。時には剣道、相撲をしたり算盤、習字をすることもあった。防火、防犯、風水害などの非常事態にすぐに対応してくれるので村人にとっては力強い存在であった。

山川成川では十八歳をフレガシタ（触れ頭）、鹿屋市天神ではツケアガイ（使い走りを終了した者）と称し、いずれも歳下に対する指導役であり、栗野と同様きびしいことで有名であった。

出水市武本野添ではニセ入りすると、次のような条目を守り、常に暗記していることが要求された。

○年長者に会ったら先に挨拶する。
○年長者より上座に座らない。
○弱い者をいじめない。
○嘘をいわない。
○村中で口笛を吹いたり放歌しない。
○村中で二尺以上の棒を持たない。
○人の家に行きものいいをする時は、臼庭（土間）のザッツ腰掛（上り框）に手をついてからいう。
○六つ（午後六時）の鐘が鳴ったら、ソノミチ（人がやっと通れるような狭い道）と他人の家の庭を通らない。
○冬でも足袋をはかない。
○手拭いを長くさげない。

これらの条目が守られているかどうか二月に一回くる庚申の夜にギンミ（吟味）された。「コムラのウギンミ」（村は小さいのに吟味はおおがかりできびしい）といった言葉が出水地方には残されている。

ここでザッツ腰掛がでてきたので、座頭のことについて記しておきたい。「メイアゲンソ」（お参りしてあげましょう）といって座頭は臼庭に入ってきて経文を唱え、ザッツ腰掛に腰をおろして琵琶を弾きながら、口説《くぜつ》を語った。出水地方で語られていた口説には次のようなものがあった。

あぜ掛け姫─姑が嫁の織りかけているものをわざとこわす話。
さざん口説─馬上の姫が馬子に惚れる話。

せいだ口説─京都の男が大阪の店に丁稚に行き主家の娘と恋仲になる話。

おつや口説─おつやが親の仇を討つ話。

これに対して各家では米や麦を与えた。このあたりに座頭が最後にきたのは昭和三十年ごろであった。指宿地方では昭和四十五年ごろまで、春と秋の年二回作祈禱のために座頭が回ってきた。泊まる家をザッツヤドといい定宿が、だいたい大字ごとに一ケ所決まっていた。回る家も縄張りが決まっていて、これをダンポ（檀方）といった。

頴娃大川の松山氏宅はゴゼ宿（ゴゼとは盲目の女性の門付け芸人）であった。夜の暇な時には、ゴゼが石臼で蕎麦粉を引く手伝いをしてくれたという。

阿久根市赤瀬川中村では昭和三十五年までニセ入りがあった。この時、イイキカセ（言い聞かせ）があり次のようなことを守ることがきびしくしく求められた。
○今後は年下の子と遊ばない。
○人にあったら先に挨拶する。
○親に反抗しない。
○煙草上い（休憩時間）は年長者より早く腰を上げる。
○難儀な仕事に真っ先に取り組む。
これらの条目を追求していけば村生活の中で期待される人間像も明らかになるであろう。人に会ったら自分から先に物言いをすることは、一人前になったことを村人に高らかに宣言することである。高らかに力強く宣言しないとまだ未成熟な子供としか認められなかった。そしてこのような宣言に値する仕事の内実が要求された。

具体的な事例をあげておきたい。

一　出水市上村西には郷土芸能として夏祭りのウノボイがあった。「ウ」とは大きいという意味の方言であり、「ノボイ」とは幟のことである。長いウノボイの唐竹をカガノ（藁製の背負い具）に立てて踊る。しかも胸には太鼓を抱え、これを叩きながら踊る。村人もこれをみるのを楽しみにしていて大変な賑わいをみせた。二十歳過ぎの若いニセでなければ体力が続かなかった。したがって、この踊り手に選ばれることは名誉なことであった。ここでは棒踊りもさかんであった。これも棒による激しい打ち合いがあるので、元気ざかりのニセでないと息が続かなかった。

二　阿久根市佐潟での最後のニセ入りは赤瀬川中村と同じく昭和三十五年であった。ニセ入りは正月二日と決まっていた。全員から米、野菜、味噌、薪などを集めて青年クラブ（集会所）でおこなった。脱退式は田植えや芋植えが終わったころにおこなった。ここでは十五～十八歳をコニセ、十九～二十五歳をウニセといった。小さいニセ、大きいニセの意味である。十八歳をコニセ頭といい、十七歳以下の指導係であった。触れごと、夜回り（防犯）、村山の藪払いなどニセ組が中心になっておこなった。ここは漁業がさかんなので海難事故についても詳細な申し合わせ事項があった。

三　指宿市山川成川では秋の穫り入れの時期になると、盗難予防のために夜間ニセたちが警備にあたった。畑の要所十二ケ所にトッグワ（萱の一種）で雨露をしのげる程度の小屋を作り、二人一組で仮眠を取りながら警備した。ここは畑作地帯なので野積みしてある甘藷がおもな対象であった。これに類することは県下のあちこちで実行されていた。牛馬が畜舎から逃げ出した場合の取締りをおこなうことは、本書「村制」の項ですでに述べたが、トッ（時、斎）の日の取り締まりもニセたちにまかせられていた。この日も時たまニセたちが野山を見回り働いている違反者から罰金を取った。

成川では、信仰上の神を祭り忌みこもるトッという言葉が戦後になると消えて、農休日というようになった。平成時代になると農休日という言葉も死語になっている。農業が多様化して共通した休日を設定することが不可能な状態になったからである。それ以上にもっと大きな理由は、多様な職業の人びとが混住するようになったからである。

四

鹿屋市野里では十五～二十五歳がニセであるが、十五～十七歳をツケニセといった。ツケとは「使い」のことであり、各家に対して触れ、諸連絡をして走りまわることであった。十八歳をツケアガイ（使い上がり）といい、ツケニセに対する指導係だった。各家を訪れた際の所作からものいいに至るまで伝統的な格式があり、それをきちんと守ることが要求された。これが乱れると二十四、五歳の幹部からツケアガイがきびしく叱られた。

本県においてはだいたいこのような体制ができあがっていた。しかし、昭和三十年ごろから多くの青年が次々と都会へ去り、このような体制も根元から崩れていった。

村の秩序維持にニセたちは重要な役割を担っていたが、若さにかまけて暴走することもあった。他人のミカン、カキなどを勝手に取ってきて食べてしまったといった話をよく聞く。村の中にもそのような暴走を許容する雰囲気があった。このような習わしは全国的なものであった。このことについてはのちほどふれたい。

次に泊《とま》い宿《やど》について述べる。

指宿市山川福元は山川港にあるが、農業地帯である。泊い宿であった家は今でもはっきり分かっている。いつごろまでこのような風習があったのか、はっきりしないが、おそらく大正末期ごろまではあったのであろう。ある程度経済的にゆとりがあり、世故に長けた家が選ばれていたらしい。雨の日など昼間からニセたちは縄をなったり、お茶を飲んで世間話に興じたりした。宿のおじさんもよく話しに加わり、経験談を話してくれた。薪がなくなるとみんなで持ち寄ったり、福元区の山から貰ってきた。宿の仕事が遅れた時に加勢するようなことはあったが、定期的に金品などを贈るようなことはなかった。

夏になると、福元のニセたちは後馬場という海岸に面した松林の中に櫓を組んで三人くらいで泊まった。こういう櫓が多い時は十二ケ所くらいあった。海風が涼しくて天国のようだったという。現在は鰹節加工工場となって昔の面影はない。

このように夏になると若いニセたちが、海岸に櫓を作って泊まる習慣は南大隅町大浜、同大泊、阿久根市高ノ口などでもあったようで、雨に降られてびしょ濡れになった思い出を語る故老もいた。村の神社に泊まるところもあったが、青年小屋（集会所）ができると、ここにほとんど泊まるようになった。

出水市上村西では竹島どんの家が泊い宿であった。ナカエ（イイエのもっとも末の部屋で古くは板の間になり、食事を準備する役割を担っていた）がニセたちの溜まり場になっていた。戸口は一晩中開けっ放しで、自由に出入りできた。夜は雑魚寝《ざこね》で、秋口になると一枚のヨッギや布団を引っ張り合うような状態だった。囲炉裏用の薪はみんなで持ち寄った。朝になると竹島どんのおばさんが、「わいどま（おまえたちは）小便はしてかい戻れよ」といった。小便が貴重な肥料だったので、ここですませて帰れというのである。

ニセ組はやがて近代的な国家組織の一部分として、衣替えして青年会と称するようになった。『川辺町史』（川辺町役場、昭和五十一年発行）によれば、明治四十一年の小野青年会にはじまり、大正三年の柳青年会にいたるまで、多くの集落のニセ組が青年会へと名称を変更したことを記載している。野に置かれていたニセたちのエネルギーは国家的装置の中に吸収されていった。なお注目されることは、会長にはほとんど当該地域の小学校校長が就任していることである。明治四十四年には川辺村連合青年会が結成されて画一的な統制への軌道が敷かれていった。ニセ組から、青年会への名称変更は、同時に中身の変質をともなっていたのであり、単なる名称変更ではなかった。

ニセ組はふたつの側面を有していた。ひとつは「充満した力」の集団であり、もうひとつは「秩序の破壊者」としての集団である。火災、山崩れ、海難事故などにおいては前者が威力を発揮したが、十五夜綱引きにおける破壊的な行為（最後は建設的になるが）やカキ、ミカンなどを盗むことは後者の側面である。そして村人の全体的な傾向としてこれらを是認する雰囲気があった。既成の秩序の中にいつまでも胡坐《あぐら》をかいているような若者を村人は期待しているのではなかった。

このような反社会的行為が子供組にも認められることが年に一回あった。それは十五夜の時である。綱作りのために集めた藁、萱、葛などを敵対する集落の子供たちが盗みにくるので、あるいは作りかけている綱を切りにくるので、防ぐために十四、五歳の男子が泊り込みで番をすることが多くの地域であった。このときミカンやカキなどを盗むことが多くの地域で習わしになっていた。十五夜に臼に供えてある団子などを盗むという習慣は戦後まで多くの地域に残っていた。古くは信仰上の問題と深くつながっていたことは間違いないであろう。しかし、近代的な学校教育の理念との乖離《かいり》はいかんともしがたく、「盗む」行為としてきびしく糾弾されざるをえなかった。

娘組　阿久根市山下では昭和三年ごろまで次のような七夕行事があった。

旧七月六日、十歳すぎの娘が七人程度で会所《えしょ》を借りて七夕竿の準備をする。ホオズキの実を頭に、竹を体にして色紙の着物を着せた人形を作る。短冊には思い思いの希望などを筆で書く。短冊の一枚にはかならず次の和歌を書く。

七夕の霧のちぎりの玉かずら
　いつわつかきてもちぎりは消えず

このほかに花やきれいな小間物などを竿に飾る。七日の朝早くこの竿を会所の庭に立てる。こののち、各戸を回り野菜や素麺を貰い歩く。米はみんなで出し合って、庭先に臨時の竈を作り飯、味噌汁、煮しめなどのご馳走を作って食べる。蓆を敷いて歌ったり踊ったりもする。日も落ちてやや涼しくなったころ、十歳前後の男の子がやってきて悪態をつきながら七夕竿を倒そうとする。そうはさせまいと女の子は防戦し大騒動になる。

山下の五ケ所くらいでこのような騒動がおこる。結局、七夕竿は倒されてしまい、翌朝できるだけ早く女の子たちは竿を川に流す。川に流す時、女の子たちは川で泳ぎ、かならず頭を洗った。この日に洗髪すれば、一年間の垢がすべてなくなるといわれた。このような七夕竿をめぐる争いや洗髪の習慣は出水市名古、朝熊、松尾でも大正時代中ごろまでおこなわれていた。松尾では川に流す時に次のように歌った。

七夕さん　七夕さん
ですん（来年）の今ごろは
早よおじゃれ　またおじゃれ（おいでなさい）

芦北町計石では盆の十三日の早朝七夕竿を海に流した。早く流さないと風が巻き起こるという。この時、女の子たちはかならず川や海で髪を洗う習わしがあった。

盆釜はもっと広く薩隅両地方にわたっておこなわれていた。肝付町高山では、十～十五歳くらいの女の子たちが三日くらい前から野菜や薪を各戸からもらい準備しておいた。盆の十四、五日に集会所や道路わきの広場に臨時の竈を作りご飯や味噌汁を作って食べた。ここでは昭和五年ごろまでおこなわれていた。

錦江町田代川原ではこれをヒゴラ鍋といい、大正末期までおこなっていた。そこに男の子たちも集まってきて、柿の葉などにもらいうけて食べさせてもらった。さつま町宮之城では広い川内川の川原に竈《かまど》を作り盆の二日間を盆釜で楽しんだ。

盆釜に似たものとして出水地方ではアマチャ沸かしがあった。アマチャというのはアジサイに似た植物で、葉を乾燥させてお茶の代用とした。甘茶だけでは味が薄いので、煎り米を入れたりした。高尾野柴引では女の子が五、六人で組をつくり、集会所や道路わきに臨時の竈を作って料理をし、村人に振舞った。茣蓙を敷き歌ったり踊ったりして盆踊りのようになることもあった。夕暮れ時になるとニセたちも加わって賑わった。

出水市田之頭では山の神を祭ってあるドドン（堂どん）前の広場で、アマチャ沸かしをした。同市野田元町では、アマチャを沸かす釜は泥釜といい伊集院の壷屋（苗代川焼）が、盆前になると売りにきた。木の枝三本を組み合わせて、これに泥釜をつるしてお湯を沸かした。

下甑島手打では女の子たちが三月節供にシットンコヅキをした。シットンとはシトギのことである。四、五人で組を作り海岸に鍋釜、野菜、味噌などを持ち寄り、竈を作り料理した。岩穴に米を入れて棒でつきシトギを作り、これも煮て食べた。この日は、海のものをかならず食べなければならないというので、貝なども捕って食べた。

ここでは八朔（旧八月一日）にも、女の子たちは海岸にでて料理を作って食べた。昔は特にボタモチを作った。上甑島の江石でも八朔には女の子たちが組をつくり、野山や海岸で料理を作って食べた。これをバッコ節供といい、歌ったり踊ったりして楽しんだ。昭和三十八年にもおこなったが、簡略化されて重箱にご馳走を詰めて行くようになっていた。甑島全体でこのような行事がさかんで、学校側も協力して授業を早く打ち切りにした。

年ごろの娘たちの泊い宿もあちこちにあったことが知られている。機織りや裁縫をしたり、お茶を飲んで世間話に興じたり、時には板三味線で歌ったり、踊ったりすることもあった。特に南薩地方に痕跡が多く残っているようである。

枕崎市小湊では娘三、四人がひとつの組をつくり、ミアラシカ年老いた寡婦の家を泊い宿とすることが多かった。ミアラシカという方言の反対語は、ミゴワイカである。ミゴワイカとは、「身が硬直した状態」といえる。したがってミアラシカとは、身が硬直しないで平常心でおしゃべりしたり笑ったり、悲しみにくれたりすることのできる状態である。現代流の言葉でいえばリラックスできる状態である。枕崎市田布川でも娘たちの泊い宿が三軒あったことが確認されている。いずれも年老いた寡婦の家であった。

ほかに出水市、いちき串木野市、南大隅町などにも、娘たちの泊い宿があったことが確認されている。

第五章　信仰・くらしの中の祈り

第一節　漂着神

肝付町高山有明には乙子《おつこ》神社がある。大昔、アワビに乗ってこの海岸に流れ着いた神を村人が祭ったと伝えられている。あるいは楠の刳《く》り舟に乗って流れ着いたという伝承もある。集落下の照葉樹林の中に小社があり、現在は山下家がハナコ取り（供花などの世話をすること）をしている。特に祭日はない。建ててある石灯籠に「奉寄進　高山村袋町　竹之下伊兵衛　嘉永二年十月吉日」と記されている。

南さつま市坊津平崎の共同納骨堂には、コメズイの霊が祭られている。大昔、この海岸にコメズイという人が漂着してきた。すでに死んでいた。コメズイは男であるか、女であるかもはっきりしなかった。村人たちがこれを丁重に葬った。位牌など書かれたものは何も残っていない。村人は時たま、線香を供えるだけで特別な祭りはない。

同じ坊ノ津末柏には次のような伝承がある。時代はいつのことか分からない。ナッゴラ浜という海岸に赤ん坊が漂着して泣いていた。瓊瓊杵尊《ににぎのみこと》の子供であった。ほどなくして死んだので、村人が屋敷の中に丁重に埋葬し墓石を立てた。この墓がのちに今岳神社といわれるようになった。この神は野間神社と非常に仲がわるく、今でも背中あわせに立っているという。

頴娃御領の公民館の庭にはアサミヤどんという神さまが祭られている。大昔、海岸に漂着してきた神さまだといわれている。神体は黒味を帯びた軽石である。小社であるが昔は六月灯（鹿児島県に多い夏祭り）をおこなっていた。ここから近い矢越集落にも漂着してきた神さまが祭られている。

阿久根市折口の海岸に岩船神社がある。この神社については次のような言い伝えがある。

いつごろか分からないが、戦いに敗れた田上某という武将が落ちのびてきて、黒の瀬戸の激流に巻き込まれて梶は折れ、帆柱は倒れ、浅瀬に座礁した。船は石と化し今でも海岸に船石として残っている。梶折鼻、帆ノ木などという地名にその名残をとどめている。この船に積んであった鍋も石と化した。このあたりの鍋石という集落名もここから起こった。鍋の釣り手が落ちたところが後世、田となり筒田という集落名になった。船に積んであった餅も漂着してきて石となり餅井という集落名が起こった。その餅は三六五個あったことを昭和八年一月三日、ここを訪れた桜田勝徳氏は著書の中に記している[17]。

なお、このあたりの集落では門松は立てないことになっていた。岩船が漂着してきたのが年末で山から門松を取ってくる時間的ゆとりがなかったからだという。この神社の由来を記した石碑には、当社の祭神は伊弉諾尊《いざなぎのみこと》の第一子蛭子命《ひるこのみこと》を祭ってあり、神代の昔、蛭子命が石楠船《いわのくすぶね》に乗ってここに着き、化して石になったのが岩船であるという。

下甑島にも蛭子命の伝説がある。蛭子命は、三歳になっても足が立たず石楠船に乗せられて海に流された。この地に漂着してきたので神に祭ったという。これが恵比須神社であり片野浦、瀬々野浦、手打にそれぞれ祭られている。

国分市隼人の蛭児《ひるこ》神社にも同じような伝承があり、『三国名勝図会』にも「奈牙木杜《なげきのもり》」と記されている。命の両親が蛭児の足が立たないのを「嘆いた」からおこったとも、「投げ木」で楠の幼木が根付いたともいう。

以上のほか姶良市加治木、垂水市牛根、南大隅町間泊、南さつま市小湊などにも漂着神の伝説が残っている。

第二節　モイドン

出水市安原のモイドンについて述べたい。モイドン（森殿）というのは巨木を中心とした叢林を神の依代とするもので森山ということもある。

聞き取りをしたのは昭和四十九年五月であった。ここは約九十戸あり、民家は南向きの斜面に広がり、あまり密集していない。水田にも恵まれている。本県では一般にはモイドンというところが多いが、ここではモイサマと称している。岡から水田に移る境にモイサマはあった。言葉のとおり、クス、カシ、シイ、タブなどが生い茂っており、その中に小祠があり、村人にとって神聖な場所であった。村の寄り合い、郷土芸能の披露などのムラゴト（村事）はすべてここでおこなわれた。

大正時代から民家が増してきて小祠の周辺は田や畑にシアケ（仕明け、開墾）られてきた。昭和四十二年にここに運動場ができ、子供の遊び場や老人のレクレーションの場になっている。同時に村内に散在していた火の神、田の神、馬頭観音などの信仰にもとづく石碑などをここに移した。共同納骨堂や公民館もここに新設された。

モイサマの神体は白い狐であるとされていた。この白い狐はシノダの森に常住していて、ここのモイサマのあ

庚申供養塔　幕末の建立と思われる。出水地方に非常に多い。（出水市野田元町・昭和48年）

いだを行き来していたという。シノダの森というのは少し離れたところにある森で、ここにも大きな木が茂っていた。行き来する白い狐に逢ったという話も昔はよく聞かされた。

シノダの森は、明治中ごろにすべて伐採され小学校の分校が建てられた。シノダの森が歌舞伎で有名な大阪府泉北郡の信太の森に由来していることは間違いないであろう。ある知識人が、このように有名な伝説を取り込んで仮託したものと推測される。

モイサマの祭日は春秋の彼岸の中日と決まっていた。モイサマについている水田が二反あり、これを五戸が一組になって毎年交替で作っていた。順番制になっていて、組み合わせ原簿は安原の区長が保管していた。この水田の米で甘酒や赤飯（セッカンメシという）をつくりお供え用としたり、村人にも振舞った。昔は甘酒のほかにゴンクロウという酒も造っていた。甘酒よりもはるかにアルコール分が強く、のちに酒造法に違反するので造れなくなった。

出水市高尾野柴引（昭和四十九年で約百三十戸）にもモイサマがあった。二反弱のうっそうとした森になっていたが、今はすべて伐採されて、安原と同様に運動場となり、公民館や伊勢神社、馬頭観音像、庚申供養塔（享保十九年の銘あり）などが祭られている。一本のユスの木が今でもモイサマとして祭られている。祭日は旧十一月十五日でホイドン（神主）を招き、この木に注連縄《しめなわ》が供えられた。ここでも昔はゴンクロウ酒を造っていた。今は甘酒と赤飯をつくり、お参りする人に振舞う。祭りの費用は各戸から米一合とお金五十円を集めてあてる。

モイドンについて小野重朗氏は、著書のなかで豊富な事例を元に祖霊との関係を論究されている。[18] それによると薩摩・大隅ともに半島の先端地域（指宿・根占など）に濃密に分布しているという。

ここで本書「運搬」の項で記したサトモイのことについて触れておきたい。サト（里）が人の居住場所であれば、それに近接した祖霊を祭るモイ（森）の周辺に開かれた耕地が原初的な生産の場であったと考えられる。現

指宿市東方道上の上西園門のモイドン。屋敷内にある。真ん中の巨木がアコウで、根回りが約7.9メートルある。アコウの根元には注連縄が供えられている。左にみえるのがクスノキで数本ある。ほかにも種々の照葉樹があり、鬱蒼とした叢林をなしている。（平成24年）

肝付町高山津曲の森園門のモイドン。真ん中に丸い樹形でみえるのはカシノキで、ほかにクス、タブ、ヒサカキ等がある。叢林全体がモイドンで、その中に民家があるが写真には写っていない。（平成24年）

在の屋敷の延長線上に存在した耕地がサトモイであったといえる。もっとも原初的な生産の場は祖霊によって囲《い》繞《じょう》された範囲に展開されていた、と考えられる。下野敏見氏は『南九州の民間信仰』のなかで「また、モイドンの語源は森殿でなくて守り殿である可能性がある」と述べている。(19) 古い時代に、生産の場が祖霊によって守護されていたことは十分考えられる。

第三節　村　仏

阿久根市馬見塚では村共有の大きな仏壇があり、昔は各戸を月一回交替で回っていたが、今（昭和三十八年）では公民館に安置し婦人会でハナコ（供花などの世話をすること）をとっている。旧十一月二十一日から二十八日までは親鸞上人の看病をするため忌みこもる日であった。

この忌みの期間は荒々しい物言いをすること、高笑いをすること、生臭い魚などを食べることはきびしく禁じられていた。二十七日の夜から翌朝にかけては一睡もせずに看病し、夜食としてかならず握り飯を食べた。

おなじ阿久根市尻無《しりなし》では村仏《むらぶつ》さまのことをオヤさまと称していた。木製の小さな仏像で厨子に入れてあった。ここではオヤさまを安置する宿は六ケ月で交替した。くじ引きで宿を決めたが、大きな家にお願いするのが慣例になっていた。このように宿を交替することも昭和十年ごろを最後にして中止された。

ここでも旧十一月二十一日から二十八日までをオヤサマ祭りといい、夜になるとオヤさまを安置してある家に村人がお参りにきた。係り役やコズ（小僧）がお経を唱え、他の人びとはこれに唱和した。病あつい親鸞上人の看病をするといわれていた。今（昭和三十九年）はオヤさまも公民館に安置され、祭り方も非常に簡略化されている。

出水市六月田《ろくがつだ》にも村仏さまが祭られている。大きな仏壇のほかにもいろいろな仏具があったが、現在（昭和五十年）は掛絵だけが共同納骨堂に置かれている。仏壇は村共有のものがひとつあるだけで、各家ごとに仏壇を購入するようになったのは戦後のことである。

六月田は上組、下組など六組に分かれていた。ひとつの組が約十戸で成り立っていて、これが葬式組でもあった。この組が順番に村仏さまを世話することになっていた。昭和四十六年までは毎月交替していたが、経費や労力がかかり過ぎるので、翌年からは偶数月だけおこなうようになった。当番になった組は公民館に薪を持ち寄りお茶を沸かして握り飯を作り、共同納骨堂の村仏さま（親鸞上人の掛絵）にお供えした。夜になると村人が集まりお経をあげた。どの組にも、お経をあげることのできる人がいた。

出水市江内上冷筋《かみひやすじ》は十六戸の小さな集落であるが、村マンマンさま（村仏さま）を祭っている。お供えする米を入れる木箱と書類入れの木箱である。書類入れのなかには印刷された『御文章』があり、貞享元年（一六八四）と記されている。死人がでるとすぐに米一升を持って木箱にお供えしてお経をあげてもらった。年忌の時にもこのようにした。村マンマンさまは二ケ月ごとに十六戸のあいだを宿替わりした。

南さつま市栗野は西本願寺系列の旧コマ（講間）と新コマ、東本願寺系列の東コマの三つのコマに分かれていた。このうち、新コマは約六十四戸からなっていた。仏さま（親鸞上人の掛絵）はお番役といわれる四戸のあいだを約三ケ月に一回、移動することになっていた。お番役はお経をあげることが多いが、独特な調子でかなり稽古しないとできない。栗野はほとんどが末子相続なので、父から末子へとお番役も受け継がれていく。葬式の時はコマごとに仏さまを連れてきて七日くらいは喪家に置いて祭る。なお、コマごとに膳椀が買い揃えてあるので葬式や法事の時に使うことができた。

第四節　地　蔵

昭和四十九年八月、熊本県下益城郡美里町砥用永富で地蔵盆をみたことがある。坂道のかたわらの地蔵さまを取り囲んで、十歳前後の男の子たちがおこなっていた。鉢巻にハッピを着て、独特な節回しで通行人に呼びかけていた。日が西に傾きかけてから夜にかけて、賑やかな祭りが展開されそうな雰囲気だった。鹿児島県ではみられない風景だったので、しばらくたたずんでみていた。今はどうなっているであろうか。

葦北地方でも集落の入口に、涎《よだれ》かけや白い綿帽子を被った地蔵さまが村の守り神のようにして祭られているのをよくみた。私の野帳によれば、昭和四十九年九月の欄に、芦北町伏木で峠に四体、そこから少し村の方へさがったところに、二体の地蔵さまが祭られていたと記録されている。この峠道は高くはないが、狭くかつ険しくて、かつては役場のある佐敷の町と伏木集落を結ぶ唯一の交通路であった。現在はりっぱな迂回路ができ、自動車で往来するので生活上の不便さは何もない。

南大隅町の根占・佐多地方では正・五・九月の二十四日に女だけで地蔵講をするところが多い。子供の安産と無事な成長を祈るという。

指宿市山川鰻《うなぎ》の地蔵祭りは正・五・九月の十六日におこなわれている。この日は地獄の蓋が開く日だから、お参りすれば死者に会うことができるといわれている。特に正月の十六日がさかんで、新しく死人のでた家では親戚に呼びかけてお参りした。集落はずれの岡の中腹に深い森におおわれた社がある。平成二十四年正月十六日は雨であったが、お参りする人が多かった。出店も加世田の鍛冶屋など五軒が並んでいた。

第五節　かくれ念仏

薩摩藩による一向宗禁制にもかかわらず庶民はさまざまな形で工夫をこらして信仰を守っていた。その一端をみてみたい。

下甑島手打の南海上に鷹岩という岩礁があり、その岩穴に仏さまを隠して拝んでいた。七蔵という男が番役として仏さまの面倒をみていた。七蔵は岩礁のわずかな場所に起居しながら暮らしていた。村人は出漁するたびに七蔵に水や食べ物を届けていた。幕末までこのようなことが続いていたと語り伝えられている。

出水市蕨島にはカンノキドンという真宗（一向宗）弾圧の跡地に作られた祠が今でも残っている。ここは真宗を信仰していた人びとの持っていた仏像・仏具を取り締まりの役人たちが焼いた場所である、と伝えられている。カンノキドンは高さも幅も三尺くらいの竹製の小祠で、中にはたくさんの小石が入れてある。小石の上には小さな木の仏さまが祭られている。毎年一回、男の子たちが山から竹と萱を取ってきて、カンノキドンを作り変えた。一方、男の子たちは、村の各戸から米を湯のみ一杯ずつ貰い集めて、村の世話人の家でシトギと赤飯を作ってもらいお供えをしたり、みんなで食べたりした。男の子ならば一歳くらいの幼児にも与えた。祭りの日は秋で間違いなかったがもう思い出せないということであった。

出水市荘では山北講という組織があった。荘《しょう》、下水流《しもづる》、下高尾野、田多園《たたぞの》、中郡《なかごおり》、野口、蕨島《わらびじま》の七つの集落からなっていた。笠山の北にあるので山北という名称が起こった。春と秋の彼岸、御正忌の年三回、これら七つの集落を持ち回る。持ち回る仏さまは箱に収められた親鸞上人の掛絵である。

　この仏さまを村人たちが担って次の集落へと移して行った。移すのは深夜で役人に察知されないように警戒を厳重にした。受け取った集落では寺世話人がすぐにお経をあげた。秋の穫り入れが一段落すると、夜にお経の稽古がはじまった。これには子供たちも参加した。

　阿久根市牛ノ浜は約二百五十五戸であり平迫コマ、牟礼コマ、此ノ志コマ、勘場コマ、山ン田コマの五つのコマ（講間）に分かれていたが、各コマに四人くらいのコズ役（小僧役）がいた。これに対する報酬は特になかった。死人がでると各コマの村仏さまを置いてある仏ン宿にコズ役がきてお経をあげた。大正十年ごろまでは人目を忍ぶように細々とした声であげていた。木戸口には番人を置いて警戒にあたらせた。

　伊佐地方には椎茸講があったが中身は隠れ念仏で、親鸞上人の掛絵をこっそりと拝んでいた。肥後水俣の源光寺にお参りすることもしばしばあった。そこには薩摩部屋が作ってありお経を唱えたり、説教を聞いたりした。出水の門徒たちともよく落ち合ったという。帰る時は、お寺が握り飯を持たせてくれた。

　南さつま市白川のある家には、外側を茣蓙《ござ》で包んだ長い箱が二個ある。すぐ背負えるように負い紐もついたままである。ひとつの箱は仏壇であり、もうひとつの箱は親鸞上人と蓮如上人の掛絵である。これらの箱は毎月十二日に引き移ることになっていた。現在（昭和五十六年）は南九州市野崎、同清水、南さつま市尾下《おくだい》、同白川の四ケ所を順に移動している。昔はもっと広範囲にわたり十一ケ所を移動していた。現在は鹿児島市になっている谷山もそのうちの一ケ所であった。費用と時間がかかり過ぎるのでいつしか縮小された。

　移る時は取締りの役人に察知されないように、山中の旧道を利用した。仏坂などという地名にその名残りが残っている。今は自動車で移動している。昔、白川に真宗のお寺を作るために京都から仏壇と掛絵を取り寄せた。

南さつま市万世《ばんせい》の港で陸揚げしようとした時に、真宗禁制が急にきびしくなったので、村から村へと移すようになったと伝えられている。

第六節　田の神

石像・田の神は旧薩摩藩（宮崎県の諸県地方を含む）にだけみられる文化財で、合計すると千五百体以上になるだろうといわれている。

旧鶴田町（現在さつま町）教育委員会が発行した『鶴田町の文化財・第二集』（平成六年ごろの発行と推定される）の中に次のような記述がある。

娘田の神（小路）

この田の神は笠を被り……像はほかでは見られない木造です。この田の神については「今から百七十余年前小路西部落に住んでいた簗淵伊衛門という人の家に泊まっていた山伏が刻んでくれたもので、その田の神が出来上がった直後、伊衛門の大変美しく気立てのやさしい十八歳になる娘が突然亡くなりました。そこで近所の人達があの娘が田の神になったとうわさをするようになり、それからこの田の神を、娘田の神と言うようになった」との言い伝えが残っています。

この田の神は今（平成二十三年）でも村で祭られており、年一回秋の田の神講の時に会所《えしょ》を移っている。

田の神を作ると若い娘がいなくなる、あるいは死亡するという言い伝えについては、寺師三千夫氏や小野重朗氏が早くから注目し報告している。寺師氏は日置郡松元町（現在鹿児島市）で、小野氏は宮崎県北諸県《きたもろかた》郡高城《たかじょう》町

石像・田の神　建立されたのは弘化４年（1847）。水田が開かれたのは元禄時代である。（南九州市頴娃御領・平成15年）

（現在都城市）と都城市下水流《しもづる》で調査したことを報じている。私も二ケ所でこのことを聞き取りをすることができた。ひとつは旧樋脇町市比野竹山集落（現在薩摩川内市）で、語ってくれた故老（男）は九十歳直前であった。昭和五十三年七月のことである。

田の神を作ると若い女がいなくなるというのは、死亡することですか、それとも行方不明になることですかという問いに対しては、どちらともいえないという答えが返ってきた。未婚の娘か、既婚の嫁かという問いに対してもまったく同様な返事であった。口伝される長い時間の中で故老たちの記憶からも消えうせたのであろう。

ふたつめは曾於市末吉柿ノ木で昭和五十六年八月に聞くことができた。だから田の神は作らないで他の村のものを盗んでくるのだと、故老が語ってくれた。また、山の神を作っても若い女が一人いなくなるという伝承もあった。故老の年齢を聞き落としたが、おそらく明治末期ごろの生年であったろう。単なる想像上の口伝なのかどうか、今となっては漠として捉えようがない。

志布志市伊崎田山ノ口では正月十四日にフクジンメ（福神舞い）があった。ニセ四人が田の神に扮装《ふんそう》する。蓑笠をつけ頭には藁で編んだ甑《こしき》をかぶり、手拭いで落ちないようにくくりつけてある。腰には荒縄を締め手には擂粉木とめしげを持ち、打ち鳴らしておどけた所作をする。一方、男の子たちは竹で作った円錐状の帽子に白い紙を張ったものを被り、御幣をたらしている。手には木の芯を抜き取って竹を刺し稲穂に擬し、午後のまだ明るいうちから集落内の各戸を回る。

　アキのほうから福神がござった
　　祝い申すか　申さんか

と問う。家の人は、

　アキのほうはどっちか

と問い返す。

　大根の髭のあるほうがアキでござる

と答えると、家の人が、

　そいじゃ祝い申す

という。すると子供たちが、

　田の神どん、田の神どん、祝い申そうじゃないか

というと、田の神たちは鼻声でゴーゴーといって承諾の意をあらわす。

歌い手は年寄二人がついていて、次のように歌う。

　一に俵踏んまえて　二にニート笑うて
　三にさーき作った　四に世の中よきように
　五にはいつもの如くなり　六には無病息災に
　七には何事もないように　八には屋敷広めたもう
　九にはコブラを立てそろえ　十でとんとおさまった

注　コブラとは意味不明。あるいは「小倉」の意味かもしれない。

これに合わせて田の神たちは擂粉木とめしげを激しく打ち合わせて舞い、ところ狭しと飛び跳ねる。子供たちも手に稲穂の採りものを持ち、兎のようにピョンピョン飛び回る。舞いが終わると田の神のニセたちは擂粉木とめしげで見物している人びと、特に若い娘たちの尻をたたいたり、つついたりして大騒動になる。子供たちは家の人に採り物の稲穂を渡す。この稲穂は茅葺きの家の軒端に、田植えの時まで挿しておく。これが終わると、家の人は餅を田の神に与える。八十戸くらいを巡回するので真夜中になることが多かった。一年以内に葬式をした家では福神舞いはしない。この行事も大正末期には途絶えてしまった。

「大根の髭」がどのように関与するのか、今ひとつ判然としないが聞いたままを記しておく。正月に門松の代わりに大根を供えたり、大黒さまに二股大根を供えたりする、習俗との関連も考えてみるべきであろう。大黒さまが二股大根が好きだというのは、全国的な習俗である。本書「年中行事・正月」の項で、秋大豆が古い作物であると述べるが、大根も古い時代から民衆生活に密着していたものであろう。

第七節　講

伊勢講は県下一円で広くおこなわれていた。特に南薩地方においては講といえば伊勢講というところも多い。山川成川について述べたい。

ここでは今（平成二十二年）でもほとんどの集落でやっている。正・五・九月の十一日に弁当を取って焼酎を飲み、信仰としての側面はなくなり年三回の懇親会という性格に変わってきている。

それでも講の神さまとして、天照大神の御札の入った厨子を上座に供えるところもある。現在は集落（小字のこと）単位でやっているが、昔は門割制度の門ごとにおこない、お伊勢参りの代参者を決めて送り出していた。その時に被った笠（伊勢参り笠という）が、乙名どん（門の代表者）の家に残っていた。吹き出物や、ちょっとした発熱の場合にこの笠で扇ぐと、快癒するとも伝えられていた。

成川の前薗集落の馬方踊りは、伊勢参りの道行きの一こまを現わした郷土芸能である。同様な馬方踊りは、頴娃御領などにも伝承されている。講の宿は会所といい、各家を巡回していたが、今は集会所でおこなっているところが多い。

出水市小原上では次のとおりおこなっていた。

ここではニセたちが庚申講をおこなうのに対して、オセ（大人）たちは伊勢講をおこなっていた。旧二月十一日と旧十月十一日の年二回であった。今（昭和四十九年）は三月十一日の年一回になっている。周辺の集落では、中止して久しいところもある。

宿は巡回制で、古くは宿で費用を全額負担していた。これをシキイ（仕切い）といい、このあたりではこのような習わしが多かった。これでは負担が一時に重すぎるので大正時代になると、ほとんど割勘に変わった。紋付・袴で参加することになっていた。午後二時ごろはじまり、六時ごろには終わった。

終わる前に次の会所に当たっている人は、中座して家に帰り、家族みんなで途中まで出迎えた。天照大神の掛絵の入った木箱を二人で担ってくるのを、村の女たちが太鼓、三味線で道楽《みちがく》を奏してにぎやかに迎えた。その時の歌は次のようなものであった。

すこたこ　なまこは　チンノイヨ

掛け目は一貫三百
酢かけ、醤油かけ、うんまかった

出水地方ではかつて女たちによる初午講《はつうま》がさかんであった。旧二月最初の初午の日に女たちが養蚕の豊作を願う講で女ン講ともいった。戦前は春秋二回おこなっていたが、昭和三十年代になると春だけになった。昔は順番に会所を回っていたが、公民館と温泉宿が交替でおこなうようになりまったくの懇親会になった。昭和初期はもっともさかんで米粉を水にとかして繭玉に似せた団子（粢）を作り、エノキの枝に供えた。女たちは大いに歌ったり踊ったりして最後はエノキの枝を折り、家に持ち帰って神棚にお供えして焼いて食べた。

第八節　ウッガン（内神）

出水市武本上中《かみなか》のAさんは、家屋敷を全部売って都会に引き上げてしまった長兄に代わって、ウッガン祭り（単にカンマツイということが多い）をおこなっている。旧一月五日が祭りで、昔から甘酒と赤飯をお供えすることになっていた。ウッガンのある屋敷が他人の所有になったので、自分の敷地に移そうと、何回もホイドンを頼んでおこなったが駄目であった。ウッガンが、場所を移ることを拒むからという。

Aさんは昔のとおり旧十月の亥の日には餅をついてウッガンに供えている。するとこの餅を持ってウッガンは、裏山の赤松の枝にかけておくので枝がたわんで、垂れさがっている。翌日になるとウッガンは、餅を持って天に昇って行く。だから松の枝のたわみが元にもどるのだと親から聞かされてきた。

南薩の枕崎、川辺、山川などでも単にカンマツイといえばウッガン祭りのことである。このようないい方は北薩でも一般的である。もっとも原初的、本源的な祖霊信仰であった。社会の進展に伴って移入された勧請神《かんじょうしん》（例えば伊勢神社）と識別するためにウッガン（内神）と称されるようになったのであろう。

第九節　その他の信仰

○キッガン（聞き神）―鹿屋市祓川では昔、次のようにいわれていた。

夕方になるとキッガンが村内を三回まわった。耳のこい神さまでひそひそ話やちょっとしたつぶやきもよく聞き取った。夫婦同志でアッゴッ（悪いこと）ばかりいい合っている家庭には、貧乏神を送りこむ。お互いにいたわりの声をかけあい仲むつまじい家庭には、福の神を送り込むので家も栄える。

○チョカ念仏―信心がなければいくら念仏を唱えても駄目であるという。空念仏と同じ意味。チョカとは急須のことで、お茶を飲むのは日常茶飯でやっていることであり、深く考えないでするからこのようにいう。志布志市有明原田で聞いた。

○愛宕さま―中甑島平良の愛宕さまはいつも掌にマメ（肉刺）があるという。大昔、平良に大火事があった時、一生懸命消火に当たってくれてできたと伝えられている。

○仕立て神―芦北町小崎では、ある家に相次いで不幸が起こるような場合をサスラウということがある。漢字では「流離う」と表記できる。家の霊というべきものがまとまりを欠き、浮遊しているような状態である。こういう時に村の世話人などが、「あそこの家は近ごろサスラワスけん、いっちょうみんなで田の草取りの加勢でもして元気づけてやろうかい」と村人に呼びかけて協力する。このようにして協同の力で、その家は立ち直ることが多かったという。

またここでは、次のようなこともあった。

ある家でサスラウことが続いたので易者に尋ねたら、神さまの通路をふさいで家を作っているからだといわれた。石で神さまを作り祭りをしたら、不幸続きも止んだ。このようにある目的のために作る神のことを仕立て神という。

○山入り―山に入る時はエヘンと咳をしたり、歌をうたうなどしたという。山の神をびっくりさせるといけないからである。また、山中では人の名前を呼ぶものではない。山の神に名前をおぼえられてしまうからである。霧島市、南大隅町、大島郡宇検村などでこのように伝えられている。

○井戸神―出水市蕨島では井戸神は男神、便所神は女神であり二人は夫婦である、と伝えられている。このあいだに荒神さまを祭るものではない。夫婦の神が会えなくなるからである。

○シメヒタ―錦江町田代の若宮神社は平石、柴立、上柴立、鶴薗、辺志切《へしきり》の五集落の住民を氏子としている。このような信仰圏のことをシメヒタという。

○鶏―はじめて卵を産んだら塩と交換すると、今後ともよく産むようになる。

○果樹―ミカンやモモなどがはじめてなった時は、カガイ（背負い具）に実を入れて小さい子供に背負わせて押し倒すと、今後ともよく実る。成木後はなった実を全部取るのではなくひとつか、ふたつは残しておく。これをナイガネと称し、次の年の種子になり、よく実るという。

○カキの木―根占大柄根《おおがらね》では隣の家に火種をあげる時はカキの木の燃えさしをあげるものではないといわれていた。カキの木を薪にするのを忌むところは県下に多い。カキの木から落ちたら大怪我をするともいわれていた。

○ビワの木―大崎町立小野では、炊事場で茶碗を洗う音が聞こえる範囲内にはビワの木を植えるなという。鹿屋市串良花鎌では横座からみえる範囲内にはビワの木を植えるなという。芦北町田川ではビワの木は病人のたけり声（うめき声）を聞いて成長するから植えてはならないという。

○もぐら―芦北町宮之浦では田や畑に赤ん坊を寝かせる時には、「もぐらじょ、もぐらじょ、宿をいっときかさんね」と唱え、許しをえてから寝せた。

○河童―内之浦櫨ノ木では仏壇にお供えしたご飯を子供に食べさせると河童によるカワドイ（溺れ死ぬこと）にあわないとされていた。目がピカッと光って河童が近付けないからである。

第六章　人生儀礼・村の中の生涯

鹿屋市串良中野の観音さまで、中央の白い被り物をつけている。安産の場合、願ほどきによだれ掛けを供えるので、それが多くなっている。その他のものは集落の小祠を集めたものである。（昭和57年）

第一節　産育・生れ出ずる悩み

出産　妻が妊娠してつわり状態になった時、夫も心身の不調をきたすことがある。これを芦北町大矢では、男のつわりとかナジレルといい、出水市福の江ではナグレルといった。このふたつの言葉は同義であることは間違いない。「今日は朝から晩までナグレタ」といえば、まとまった仕事を何ひとつしなかったという意味である。

大藤ゆき氏によると、このような状況になることは特に岩手県、秋田県などの東北地方に多く、アイクセとか、クセヤミというと記し、さらに福井県や奈良県の事例にも触れている。(20) 本県でも、錦江町皆倉《かいくら》では、こういう場合に、夫が異常にダレル（疲れる）

という。阿久根市赤瀬川では、昭和四十年ごろのこととして、「初子の時もだったが、二番目の子ができた時も、夫の按配が三日くらい悪くて、仕事が手につかなかったそうだ」とある故老（女）から聞いた。

妊娠五ケ月の戌《いぬ》の日に腹帯を締めるところが多い。この帯は夫の叔母が与えたという地域が多い。与える時は、ていねいに渡すのでなくて投げ与えたというところもある。適当な叔母などがいない時は夫の姉妹などが与えた。南大隅町佐多坂元では男の子が十五歳になった時、ニセ入りの六尺褌は叔母が与えた。これらの習慣は南島に多くみられるウナリ神の信仰と同一の心意にもとづくものであろう。

胞衣《えな》　次に胞衣の処理について述べたい。方言ではイヤというところが多い。

一　いつも人によって踏まれる場所に埋める。熊本県美里町砥用永富、同芦北町大岩、さつま町宮之城舟木東、日置市日吉池之原などでは、いつも人が行き来する便所の前に埋めた。埋めてから最初に父親が固く踏みしめる必要があった。そうすると将来において父親を畏れるようになるという。人間にとって畏怖すべき存在が必要であった。阿久根市佐潟、垂水市牛根、宮崎県日南市吾田《あた》では臼庭（土間）の上がり框の台（石か木）の下に埋めた。ここでも父親が一番最初に足をかけて強く踏みしめた。

佐潟の場合は、新生児が死亡した場合も上がり框の下に埋めるのが、昔の習わしだったと伝えられている。胞衣にしても死児にしても常に接触できる場所、身近かな場所に置くことをよしとする考え方があったのであろう。

二　人によって踏まれることのない場所に埋める。熊本県長洲町上磯、同山鹿市久原、芦北町全域では墓に埋める。一で記した永富や大岩の場合も大正末期には墓に埋めるようになっている。全国的にも保健衛生上の立場から、墓に埋めるよう指導され、熊本県の場合は若干の時間的なずれがあったにしても徹底されたものと推測している。ただ、旧坂本村古屋敷（現在八代市）はヘヤ（納戸）の床下に埋めたという。ここは球磨川の一支流（とても小さいが）に沿って、急斜面に民家や耕地が開かれた山峡なので、古い習俗が残存したのであろうと理解している。

これに対して鹿児島県の場合は明らかに多様性に富んでいる。出水市野田元町、枕崎市俵積田、指宿市山川成川、錦江町田代川原などでは、昔は納戸の床下に埋めたが、今は墓に埋めている。このように変わったのはだいたい、昭和十年前後であった。ほかに変わった埋め場所として阿久根市折口では海岸砂丘の松林の中、南さつま市笠沙大当では、馬小屋のうしろに埋めていた。南大隅町佐多外之浦ではソドンクッ（北側の雨戸）の軒端下に、大崎町西迫ではオカマサマ（竈）の裏に埋めた。南大隅町佐多大泊、錦江町大根占では臼庭への入口の敷居（マゴエ・間越えという）の下に埋めた。

マゴエに土足のままで乗ることはどこでもきびしく禁止されていることは本書「住生活」の項で述べた。これは例外なしにどこでもいわれている。その理由は家の当主（父親）の頭に乗るのと同じだと説明されている。家の内と外との境界がここなので、神聖なる場所とする信仰があったのであろう。胞衣をここに埋めることにより、新たなる生命を家族の一員として認知したのである。

胞衣を埋めたあと、父親が強く足で踏みしめるのはどこでも共通していることはすでに述べた。もうひとつ追記しておきたいことは、胞衣を埋めた場所の上を最初に通る動物（蛇、蛙、鼠、昆虫など）を将来において異常に恐れたことである。このこともほとんどの地域でいわれている。はじめて遭遇する他者（ここでは動物）は将来、人生の途上で戦わなければならないすべての敵対者をシンボルしているのであろうか。それゆえに、父親は胞衣を大地に固着させて、足腰を強くする必要があったのであろうと推測している。

間引きなど　これを方言ではフケルという。粟や大根が密生していると成長がよくないので、間引きすることをフケルという。ヘシゴ（減し子）、ケズル（削る）などというところもある。いつごろまであったのか、どの程度あったのか不明なことが多い。しかし、隠微な形で村々に語り継がれてきたことは間違いない。フケル方法として、水を満たした盥に頭を押さえ込んで溺死させる、濡れた障子紙で顔を覆い窒息死させる方法などがあった。もっとも残酷な方法としては石臼を新生児の上に乗せて圧迫死させた。命を落とす前の大きな一息は、重い石臼を動かしたと語られている。霊の力がそうさせたとしかいえないだろう。最後の一息をタッカゼ（立っ風）といった。

このような石臼による間引きの方法は今のところ、大隅の内之浦櫨ノ木、大崎町岡別府、大崎町菱田、曾於市岩川、霧島市国分野崎などで聞きとることができた。調査したのは昭和五十四年夏のことである。『民俗学辞典』（柳田國男監修、東京堂、昭和三十四年）によると、「間引き……その方法は膝や布団で窒息させたり、石臼の下で圧殺したりした」と記されている。決して本県だけの習慣ではなかった。

間引きのことを「南瓜ン肥」と隠語的に表現することを、内之浦岸良で聞いた。内藤喬氏は、「薩摩郡宮之城地方では南瓜の豊作を喜ばない。沢山なる年は不幸なことがあるという」と記している。[21] 内之浦と宮之城は、県南と県北でかなり隔たっているが関連のある習俗かもしれない。

薩摩川内市比野では嫁のほうから姑《しゅうとめ》に対して、「今度はどげんすっとな（どうするんですか）」と、新生児の始末について伺いを立てたという話も伝えられている。生殺与奪の話柄が二人の間で話し合われたのである。かねては対立することの多い嫁姑がこの場合深刻な極限状態に立たされたことは間違いない。

大崎町岡別府のある故老（明治三十二年生れ）は、生後しばらくして村中の三文字に捨てられて、鹿屋の笠之原焼の壷屋に拾われたという。兄が四歳で死亡したので、強い子に育つように捨てられたのである。故老の家はこの壷屋の定宿になっていて、気心の知れた間柄であった。以降、笠之原のおやっどん（おやじ）といって盆正月には歳暮を持ってゆくようになった。

家によっては垂水からくる塩売りどんに拾われて、親子関係になった話も多い。別の集落ではカンジン（乞食）どんに拾われると元気になるとも聞いたことがある（実例があったとは聞いていないが）。これらはすべて形だけ拾われるのである。

鹿屋市白崎町では生児がはじめて遠出した時は足裏をなめてやるとダレ（疲れ）がやむといわれた。大崎町では異常な泣き方をする時もダレているからだといい、足裏をなめてやるか、臼に入れてやると泣き止むとされていた。薩摩川内市隈之城ではこういう時は湯飲みに水を入れて足裏をなでてやるとよいとされた。

忌があけるのは男子ならば三十三日、女子ならば三十五日という。この時に産土神《うぶすなかみ》に宮参りすることになるが、かならず神前で泣かせるところが多い。錦江町皆倉《かいくら》では日があけないうちは納戸からでるな、敷居をまたぐなといわれていた。しかし実際は守ることはむずかしかったようである。

日が明けないうちに橋を渡るなとも広くいわれている。本書「年中行事・五月節供」の項でも述べるように、川の向こうは異界であった。

第二節　婚姻・試練の壁

嫁貰い　嫁貰いにもシーズンがあった。秋の彼岸から年が明けて春の彼岸までがシーズンであった。春夏は労働のシーズンであった。適齢期の若者がむなしく春の彼岸を迎えると、「また今年も馬鹿彼岸だった」といって嘆いたと伝えられている。秋の収穫作業が一段落して提灯が村中をあちこちすると、嫁貰いの提灯だと噂したという。これが年末になると借金取りの提灯か、嫁貰いの提灯かと改めて噂になった。

大正末期ごろまでのゴゼムケ（結婚式）は簡単なものであった。風呂敷ひとつ抱えて嫁入りしてきたという話はあちこちに残っている。ほとんどが村内婚だったので、更衣の必要が生じたらただちに実家に帰り用をすませることができたからである。

嫁入り道具も茣蓙《ござ》とゲシ（盥）、ビンダレ（鬢盥、洗面器のこと）だったという話もよく聞く。昭和三十年代にはじまる高度経済成長期とは比較にならないのはいうまでもない。多くの地域に蕎麦嫁女という言葉が残っている。ゴゼムケのご馳走が蕎麦一杯だったということである。結納などもこの時代にはなかった。軍隊に入隊して、他県の人から結納の話を聞いてびっくりしたという話も伝えられている。

もちろん、ここでいっているのは庶民階層のことであり、地主や豪商の家では村外婚がむしろ普通であったし、都会風の豪華な婚礼も早くからおこなわれていた。

芦北町古石における明治末期ごろの事例について述べたい。

十七歳くらいの若者になると四、五人で組を作り、馬小屋の二階とか村のドドン（堂殿）に泊まった。夜の長い冬になると夜業をよくした。縄ない、俵編み、草履作り、牛馬の鞍作りなどやるべき仕事はいくらでもあった。籾摺りも重要な仕事だった。根取りが一人、籾入れが一人、押し手が四人は必要だったのでイイ（結い）を組んでやることが多かった。この時の籾摺り歌に次のようなものがあった。

月がでた　なーよ　なーよ

夜の長さ　なーよ　なーよ
夜明けか　なーよ　なーよ

一人が歌うと間髪を入れずに次の人が歌った。仕事が一〆切りするとお茶の時間で、冬の夜長を楽しんだ。若い娘たちも参加するので若い男女にとってお互いによい見知り会いの場であった。婚約することをここではお茶入れといった。

古石では嫁取りの日はまず婿入りからはじまった。仲人に連れられた花婿が、花嫁の家に行く。ご馳走がでるが、花婿は少し箸だてをしただけですぐに席を立って外にでる。外には若者たちが待ち構えていて、花婿に水を掛ける。花婿は水掛けを予想して袴などは脱いででてくる。

しばらくしてから嫁入りとなる。花嫁はかならず勝手口から入る。入口の一升舛に塩が入れてあり、この塩を少し紙包みにいれてから入る。ついているヨメワッ（花嫁の介添え役の少女）も同様にして入る。花嫁は下ん座（茶の間）に座っており、酒宴のおこなわれている表の間に行き挨拶することもない。花婿も同様に下ン座におり、表の間の酒宴に加わることはない。

宴たけなわの途中にヘヤ（納戸）で夫婦のちぎりの酒盃を交わす。これには二人とそれぞれの両親、ムコワッ（花婿の介添え役の少年）、ヨメワッの八人が参加する。ヘヤでおこなう酒盃のやり取りは他人にみられないように、屏風などを立ててこっそりとおこなった。これがすむと、花婿も花嫁も表の間にでて挨拶して酒宴に加わった。

次に昭和三年ごろの、枕崎市田布川の事例について述べたい。

嫁入りの時、花嫁は花婿の家の木戸口までくると、行かないといって垣根などにしがみついた。本気になってこのようにするのではない。すべての花嫁がこのようにするのが、田布川に限らずこの周辺の習わしだった。

なぜ、このようにするのか理由は分からない。仲人は花嫁の手を引いて強引に中にいれる。ミッツケドコイ（水使い所、台所）から入り、上がり框《がまち》に腰掛けてお茶を一杯飲むくらいのことであった。表の間では酒宴がはじまっているが、ここにでて挨拶するようなこともない。両方の親たちは向き合って挨拶し、酒杯を交わす。この晩は花嫁は泊まらずに実家に帰って寝る。翌朝、花婿の家に移る。

一方、花婿はゴゼムケの場には不在である。泊い宿や青年小屋で友人と世間話などをしながら過ごす。したがって主役である二人の間でちぎりの杯を交わすようなこともなかった。これから一ケ月くらいしてから婿入りがあった。花婿、両親、仲人、叔父、叔母が行きご馳走になった。この婿入りがあるまで婿は嫁の家に出入りはできなかった。

枕崎でも海岸近くの木原集落などでは、ゴゼムケが終わっても嫁は実家にとどまり、婿が夜になると通ってくるのが普通であった。昼間、婿は自分の家に帰って仕事をした。三年くらいして子供が生れ婿方に婚舎ができてから、嫁は実家を離れてここに移った。二夫婦の同居を避けるのがこの地域の習わしであった。

枕崎の東隣りにある頴娃地区では、ゴゼムケは婿入りからはじまるが、婿は嫁の家に行っても何も食べないで正座したまま過ごす。吸い物をみんなが食べ終わると、婿だけが席を立ち外にでて、青年小屋などで友人と世間話などをして過ごす。婿の家でおこなわれるゴゼムケには顔も出さない。このような婿不在のゴゼムケは北薩地方でも同じであり、このようなやり方が大正中ごろまで続いていた。

「シオトシ（脱穀作業）とゴゼムケは夜が入る」とは県下で広くいわれている。と同時に、「シオトシと葬式は夜が入る」ともいわれている。人生の重要な境目は夜の闇を必要とした。出産は昼なお暗い納戸を必要とした。日明けがすむまでは生児を陽光にさらすことはしなかった。

ゴゼムケのご馳走は、サトイモの吸い物からはじまるところがある。根占西本や末吉馬渡である。現在（昭和五十五年ごろ）でも、守っている家がある。

嫁盗み　南薩地方ではソビッゴゼンケというのがあった。ソビッとは引きずってくるという意味の方言である。夜、娘を引きずってきて嫁にするという意味である。嫁盗みといってもよい。若い二人の合意の場合もあったし、そうでない場合もあった。村中婚がほとんどであったので、友人たちの協力がなければできないことであった。

このような場合、すぐに女の親に対して詫びを入れることになっていた。友人二人が娘の親のところに行き、「○○さんは△△のオメ（嫁）になったから」と一方的に宣言してすぐに逃げなければならない。そのあと、真夜中のゴゼムケとなった。かならず鶏をつぶして大根の煮物を作った。

同じような習慣は北薩や大隅にもあった。出水では明治二十年ごろまであり、ヨメジョカツッ（嫁女担ぎ）といった。鹿屋市川東では嫁女を盗んだら友だち二人にコトワリに行ってもらう。それからしばらくしてから婿の家から嫁の家に、ご馳走や焼酎を届けて宴会をひらく。これをヒザナオシ（膝直し）とか、道があくとかいった。

婿と嫁　嫁入り当初はまだ遠慮があって、腹いっぱい食べられないことがある。そういう時には実家に帰り、カケメゴ（掛けてある竹籠）の芋でも団子でもたらふく食べる。だからカケメゴは一日中揺れ止むことはない、などといわれた。食べ物がない時は塩でもなめてきたというところもある。村内婚が多いからできることであった。嫁入した娘が木戸口を通っただけで所帯がつぶれるなどという戯言《ざれごと》が生じる素地となった。

同じようなことが婿についてもいわれた。南種子町島間には「婿どんの芋かじい」という言葉が残っている。婿が嫁の実家に仕事の加勢に行く。まだ遠慮があって飯時に三杯も四杯も食べるわけにいかず遠慮する。仕事の途中で、空腹に耐えかねてこっそりと生芋をかじって、空腹を満たすことである。

島間では、「ナガシ（梅雨）上いの婿逃げ日和」という言葉も残っている。梅雨が終わり本格的な暑い夏がくる。嫁の実家に加勢に行った婿も、最初は頑張っていても、ついに音をあげて逃げ帰ってしまうくらいの焦熱地獄のことをいう。今でも（平成三年ごろ）年寄は、酷暑の日を「今日は婿逃げ日和だ」などと使っている。

出水市小原には、「婿八人」という言葉が残っている。嫁の実家に加勢に行った婿が、大いに張り切って八人分の仕事をすることである。この日は戸棚が擦り切れるなどともいわれた。精一杯のご馳走を準備するので戸棚の開閉が激しく、擦り切れてしまうのである。このように嫁の家に加勢に行くことをここではマメジョノ（豆上納）といった。遠く離れた新潟県糸魚川市青海町須澤ではマメネンゴ（豆年貢）ということを、山口賢俊氏は報じている。(22) 嫁にしても婿にしても大きな環境の変化になじむには一定の期間が必要であった。

阿久根市黒之浜では、漁村と農村との婚姻関係は昭和初期まであまりなかった。農家から漁家に嫁入りする娘に対しては農村の側で、ヒジイゴロ（怠け者）と陰口を叩いた。逆に漁家から農家に嫁入りする娘に対しては漁村の側から「気張りの足らん娘」と非難される傾向があった。出水でもホゼ（秋祭り）に招いたり招かれたりする間柄でも、農家と漁家との婚姻関係はあまりなかった。

昭和四十九年旧高尾野町江内平房《ひらぼう》（現在出水市）の戸数は六十二戸であった。平房と改称したのは昭和四年で、それまでは「尾野島上げ」と称していた。小さい川をひとつへだてて「尾野島浜」（約二十二戸）と向かい合っている。昔は前者は農業集落、後者は漁業集落だったが、婚姻関係はほとんどなかった。農産物と漁獲物の交換を通じてトキドン（得意殿）の関係は濃厚に存在したにもかかわらずである。しかし、明治時代に、干拓によって尾野島浜が内陸となり、農業中心に転じたころから婚姻関係が増加した。現在では非常に多くなっている。

嫁入りするとカネツケ（お歯黒）をするのは県下どこでも普通であった。出水市武本上屋では、

オゴジョ飛べ飛べ　白歯のうちに
白歯染むれば　飛びゃならぬ

と歌ったが、若い娘のしばしの青春《せいしゅん》謳歌《おうか》を叙《じょ》している。

第三節　葬制・霊の行方

葬式の食事　郷中宿で食べるこのような場景もほとんどみることができなくなった。どんな僻村にも葬儀屋の進出がいちじるしい。（肝付町富山・昭和55年）

葬式　鹿屋市光同寺では首をくって自殺したような場合をナマジン（生死）といい、家のソドンクッ（北側の雨戸）から死人を入れて納戸に安置した。ナマジンの悪霊は風になって周辺をまわっており、この風に当たると、首のところが黒焦げになるといわれていた。枕飯のことを光同寺ではジッの飯という。死人がでるとすぐに焚くので、「直の飯」から起こったという。庭に臨時の竈を作って炊いた。死人が男であれば運搬具である山オコ（担い棒）を、女であれば物干し竿を割って薪として炊いた。

鹿屋市串良下伊倉では臨時の竈を庭に作り米を蒸す。これで握り飯を作り生味噌をつけて、死者と血の近い親・兄弟が食べる。これをウッタッ（出発）の飯という。他の人はこれを食べない。次に先ほど蒸した飯を桶に入れて水にさらす。手で握って塊状に握れるようになってからふたたび蒸して一般の参列者に振舞う。これをカタコシッという。カタコシッは喪家でなくて隣家（郷中宿という）で食べる。カタコシッのことを鹿屋市大薗ではオモイメシという。

光同寺では棺は丸桶でオンボダイといった。楠材が最良とされ、年寄の中にはよい楠材が手に入ると、天井裏に保存していた。墓穴のことはイケといい、村のニセたちが掘ってくれた。握り飯を食べ焼酎を飲んでから掘った。握り飯のおかずは生味噌だけというところが、ここに限らずあちこちにある。掘ったイケには三本の竹を立て、頂端をくくり合わせておいた。虫類がイケの中に入りこむのを恐れてのことである。ニセたちにはお礼として褌を贈った。

光同寺では棺桶を埋める時に竹を一本真ん中に立ててから土をかぶせる。この竹のことを中心竹という。埋葬が終わると中心竹は一息に地上部分を切ってしまう。埋葬から帰ってくると外庭に塩、水、粟を準備しておいて手を清めてから家に入る。塩と水は清めにどこでもやっているが、粟を清めに使うのは珍しい。同じ鹿屋市内である野里、川東、市成などでも粟を使っていた。

次に東串良町唐仁《とうじん》の場合について述べる。

ここでも自殺などのことをナマジンといいイイエ（母屋）に入れずに馬小屋に安置し、お通夜もここでおこなう。

一般的に死人に着せる浴衣は背縫いのところを十五センチくらいあけておく。ここから死人の魂が出入りできるようにしておくという。浴衣は三人がかりで、できるだけ粗末に縫った。新生児への産着もできるだけ粗末に縫った。

唐仁では同じ家から同じ年に二人の死人がでたら、庭先で甕を叩き割った。出棺のあとは藁を束ねて箒とし北側のソドンクチから掃きだした。この藁は庭に置き埋葬を終えて帰ってきた人びとがこの上で足を洗った。かたわらには塩、粟が置いてあり、これで清めてから家に入った。出棺は日が没してからであった。日光を恐れるのである。「シオトシ（穀物の脱穀作業）と葬式は夜が入る」といわれた。このことは本書「婚姻」の項で述べたとおりである。

女の参列者で血の近い人は頭に白い布を被った。後継ぎの位牌持ちは長い白い布を襷《たすき》がけにした。唐仁で女の人が被る白い布は大隅地方の他の地域でも広く用いられているが、その名称は忘れられている。しかし、川内、出水地方ではこの白い布のことをイロと称している。葬式が終わりイロを各自持ち帰り、自宅のマゴエを越えないうちに縁側の柱に結び目を外側にしてくくりつけておく。七日の忌みが明けると、はずして皿などを拭く布巾とするところが多い。おそらく大隅半島でも古くはイロと称したのであろう。『葬送習俗語彙』（国書刊行会、柳田國男著、昭和五十二年）によると「凶事を吉事と謂ふ場合のある如く、イロは恐らく白の隠語であらう」と記されている。

葬式後のイロ　葬式が終わると家に入る前に縁側の柱に結びつけて7日間はそのままにしておく。（出水市花立東・昭和45年）

現在の結婚式において展開されている豪華なオイロ直しも、このような背景から生れたことは間違いない。本書「村制」の項で、白い家畜を飼うことを禁忌とすることなどに触れた。人間の誕生や婚姻・葬制において「白いもの」が果たす役割は大きかった。

出水地方では兄弟・姉妹は喪主に対して籾一俵を贈る

習わしになっていた。これをミタテという。本書「住生活」の項で述べた籾一俵を贈ることを、ここではカメザケといったがこれとはまったく別である。ミタテをくれた人に対してイロ（白い布）をつけてもらった。近隣の家は茶のコンメ（米）といってご飯茶碗一杯の米を持って行った。さらにメザマシといって班ごとに、若干のお金を集めて持参するが、以前はお通夜に食べる団子や菓子を各自で持って行った。これらは香典とは別である。香典のことはヒデというところが多い。

鹿屋市串良下小原では棺桶を担ぐニセたちに、どんなことになっても途中で棺桶をおろすなといった。そのわけは、火車猫という妖怪は人間の目にはみえないが、途中で棺桶の下にもぐり、棺をカンメル（頭上運搬）から軽くなる。そこで棺桶をおろして蓋を取り、中を確かめようとすると待ち構えていた火車猫が死体をさらって行く。だからどんなに軽くなっても棺桶をおろしてはいけないという。

鹿屋市吾平中福良では葬列の先頭の村の長老が片手に松明《たいまつ》を持ち、片手には庭箒に紐をつけて地面をひきずって行く。だからふだんの場合は箒を引きずってはいけないといわれた。ここでは霊屋には鼻緒を切った草履や下駄をさげておく。翌朝、墓まるめといって埋めた跡をきれいに整地する。この時、土の上に鳥や獣の足跡が残っているという。これを死者の生まれ変わりと判断した。

鹿屋市光同寺のところで述べた中心竹について、川内川流域の事例を参考にしながら説明したい。

○薩摩川内市宮崎原―棺を埋める時、竹を一本中心に立てた。埋めてからこの竹でコツコツ二、三回棺をこずいてから鍬で一息に切った。これをイッヌッダケ（息抜き竹）といった。

○さつま町宮之城大角―墓穴に棺を入れてから一本の竹を真ん中に立てた。これをイキトイダケ（息取り竹）と称した。埋め終わると左鍬で一息に切ってしまった。

○さつま町舟木東―棺を埋める時にその上に一本竹を立てる。この竹のことをイッヌッ（息抜き）という。埋め終わってからこの竹で棺をコツコツ二、三回つついてから鍬で一息に切った。

○さつま町祁答院下手―幕末生れの父から、中心竹のことを昔は、息竹といって節を取り去り空気を通すようにするのが、本来のやり方だと聞かされた。

これらの事例から単に中心を示すためのものでないことは明らかである。死者はたんなる土くれとなるのではなくて、この世の生者と一本の竹筒を通じて通信可能であるという信仰に支えられていたことは間違いない。

骨噛み　昭和五十六年夏、肝付町高山宮下《みやげ》で「骨噛み」について聞くことができた。故老（男）は明治二十九年の生れであった。ここでは終戦直後のころまで、葬式に行くことを「今から骨噛みに行ってくる」などと年寄は使っていた。当時の六十歳以上の年寄が使っていた言葉で若い人びとは使わなかった。骨噛みとはいったいどういうことか。

故老の説明によると葬式に限らず共同飲食の際よくガネを作る。イモ、ニンジン、ゴボウなどを小さく刻み、水に溶かした小麦粉と混ぜて油で揚げる。揚げた時の格好が骨ばっていて蟹に似ているからガネというのである。この骨ばっている格好がいかにも人体を想像させる。ガネを食べることが、骨を食べるという連想につながったのではないかという。他の共同飲食の場合もガネを作って食べるが、その時は骨噛みとはいわない。宮下のすぐ近くの富山や鹿屋市吾平中福良でも、このような話を聞くことができた。あまりにも強引な附会であるような気もするが一応記しておく。

この問題については国分直一氏がその論考「葬制上の諸問題」(23)において大隅半島を中心として南島や大分県、山口県の例などをあげながら深く考察されている。同氏が記している「ホネスズキ」の習俗については誤解があるように思う。

第一に葬式の食事の中に魚や鶏が料理されて出されることはないということである。第二にホネススギという言葉には飲食の席に長居する者への暗黙の非難、冷笑が含まれているということである。酒の席も終わりになり膳の上の料理が骨ばかりになっても、席を立とうとしない者への言葉である。国分氏の主張されるような「洗骨儀礼のなんらかの反映」ではないだろうと思う。このように宴会で最後まで長居することをイタシッバレ（板敷払い）ともいい、やはり暗黙の非難、冷笑が含まれている。

なお、錦江町大根占中野で昭和五十年、八十一歳の故老（女）からおこなった聞き取りによると「おじいさんの葬式をオンジョ噛み、おばあさんの葬式をウンボ噛み」というと私の野帳に記されている。ここは山間の小さな集落である。このような言葉が残されている、ということは何をものがたるのであろうか。疑問は深まるばかりである。

衣洗いなど　鹿屋市野里では葬式の翌日に死者の衣を川に持ち出して洗う。二人で鎌と塩を持ち、死者の衣はナカイネ（一本の天秤棒を二人で担う）にする。川に塩を供え、鎌で川面を区画して水神さまの許しを得てから洗う。一方、別に二人が墓まるめに行く。衣洗いの組と墓まるめの組が、村中の三文字の辻で落ち合うように、あらかじめ打ち合わせておく。ここに火のトッ（火の燃えさし）を持った人が、迎えにきて二組の者を連れて帰る。

さらに野里では、死者と血の近い人の中に四十二歳の男がいたら、先ほどの辻に四十二銭を捨ててくる。この銭を拾うとよくないことがおこるので拾ってはいけないという。今はやっていない。いつごろまでおこなっていたかは分からない。

指宿市山川成川では、死人を納戸に寝かせる時に真冬でも蚊帳を張る。二人で三隅だけを結ぶ。紐は左縄である。縄でなくて藁でなくてはならないというところもある。納棺する時、この縄は鎌で切り落とす。翌日、この縄で死者の衣をくくり、女二人が川に行き洗濯する。鎌も持って行き川面を区画して、川ン神さまに許しを受けてから洗う。洗っている途中に別の女二人が提灯をともして迎えにくる。迎えにくる人をトモという。洗った衣は家の裏に上下を逆にして三日三晩干しておく。ここでは昭和三十年ごろまでこのようにしていた。三隅の蚊帳を張るようなことは県下のあちこちで聞くことができる。

葬式一切を取り仕切る責任者のことをモイニンとか、ヌシドイという。さつま町下狩宿ではこれをネシュキッと称している。ネシュとは本心ということで、喪家の意向をよく聞いて、とりおこなわなければならなかった。結婚式などと違って当主は葬式には忌みこもって実務にタッチしないからである。

さつま町下狩宿では三十三年忌が最後の祭りであった。この時は六尺くらいのシイノキを枝葉のついたまま伐ってきて「元の山にして戻す」と唱えて墓石に立てかけた。明治四十年ごろまでこのような習わしがあった。

第七章　年中行事・月ごとの祭り

第一節　正　月

正月の準備　旧十二月十三日はデカン（下男）、メロ（下女）の入れ替わりの日であった。午前中、草刈りや薪取りをしてから、風呂を浴びて帰る準備をする。親がきて雇い主である旦那と給金の清算をする。大崎町のある故老の思い出によると、大正十年ごろのデカンの給金の相場は、年間で五十円くらいであった。それがすむと蕎麦や煮しめをご馳走になって帰った。このような習わしは県下といわず、全国的におこなわれていた。

出水地方では婿が嫁の実家に、薪を一駄とどける日であった。一駄とは馬の左右の背に、三束ずつ負わせるので合計六束になる。出水市野田元町ではこのうちの一束は庭先に立てかけて置き、大晦日《おおみそか》に青い柴を一本さし、これに餅を供える。正月五日の朝早く、餅のついたままの柴を田に持って行き、立てて鍬で打ちかける。これを田の神さまの餅といった。フダ（譜代）の人たちも旦那（地主）の家に薪を届けた。これをナマッキイ（生木伐り）といった。

大隅地方ではこの日に正月用のモヤシを作るために大豆を流れ川に浸した。日光が当たると青くなるので麦藁をかぶせた。昔からの習慣で、浸す場所が家によって決まっているところもあった。在来種の粒の大きな秋大豆であった。このような習慣は特に、大隅半島南部の根占や田代あたりがさかんであり、豆漬け川などという名称があちこちに残っている。

師走三十日に餅を搗くところが多い。根占西本では山からユズリハを取ってきて水に浸し、臼をこれで清めてから搗いた。このユズリハは木戸口にさしておいて正月二日の初田打ちの時、田にさして種籾を少し播き左鍬で三回、右鍬で三回打ちかけて豊作を祈願した。西本に限らずこの周辺ではこのようにするところが多かった。

正月に門松を立てない家は県下のあちこちにあることは今までにも述べてきた。ここではいくつか追加しておきたい。

南大隅町佐多上園は約七十戸の集落であるが、このうち三十戸くらいが門松を立てない。昔、年末に戦争があり出兵命令がきたので、門松を準備する時間がなかったからである。

東串良町溜水のH家とM家は松でなくてシイノキを立てる。この両家の先祖はいつの時代か分からないが、天から降りてきた。それが師走の二十九日で山まで門松を伐りに行くゆとりがなく、屋敷内のシイノキを立てた。それ以来この習慣が続いている。

錦江町田代の小牧家の先祖は平家の落人で、やっとこの地に落ち着いたのが年末で、門松などの準備をする時間的なゆとりがなかった。それ以来門松は立てない。

志布志市松山野久尾《のくび》の中原家では門松は立てずに木戸口にシイノキを一本立てる。昔、年末に戦争があり、出兵準備に追われて山まで門松を伐りに行く時間がなかった。それ以来これを守り続けている。種子島の茎永や野尻にも門松を立てない家がある。

阿久根市倉津は全戸、門松は立てなかった。しかし村の長老が、どこの村でもやっているのにおかしいというので立てるようになった。明治末期ごろのことである。芦北町伏木も門松を立てない。ここにも平家落人の伝説がある。

松よりも前にシイの木などの照葉樹を立てる習わしの時代があったのかもしれない。あるいは阿久根市倉津のように、昔は何も立てなかったところがあってもおかしくないと思っている。明治以降の学校教育の普及の結果、門松を立てる習慣が日本列島の津々浦々にまで伝播したのかもしれない。小学唱歌の中にも「松竹立てて門ごとに祝う今日こそめでたけれ」とある。

門松のほかに年木（祝い木、節木）を供えるところが大隅から北薩にかけて広くみられた。タラ、カシ、シイなどの木を薪に割り、これに割れ目をつけてユズリハ、タラ（棘があり下駄にするので下駄木ともいう）の枝などをさし、門松や母屋の四隅の柱に立てかけた。七日の鬼火焚きの時に子供たちが貰い集めて燃やしてしまう。

大正月　下甑島の手打や瀬々野浦には年の晩になると、トシドンといいニセたちが仮装して村を巡回した。子供のいる家に入り、子供の悪事をあげてきびしく教訓を垂れた。最後はいい子になることを条件に餅を与えた。餅をもらうことによって子供たちは年をひとつ取ったことになる。ニセたちは恐ろしい鬼の面を被り首切れ馬にまたがってやってくることになっている。昭和五十二年までは実施していた。その後はどうなっているであろうか。

瀬々野浦の場合は、村の背後の斜面にあるフエ石という大きな岩からやってくると信じられていた。昔、ここには佐市どんという仮装の名人がいた。ここの民謡に、

年の晩　首なし馬のいななきに

佐市どん　来たかとおびえる

というのが残っている。

芦北町大尼田では、この晩はかならずサトイモの皮をむかずに焼いて食べた。南大隅町根占川原では夜の十二時になると、葉つきの大根を釜小屋（台所）に祭ってある大黒さまと仏壇に供えた。

出水市松尾では大晦日、正月六日、正月十四日の三回、歳を取るといわれ、いずれもインノコ（ネコヤナギ）の箸を作って食べた。

元旦に、サトイモをかならず食べるところは非常に多い。県下全域にあるといっても過言ではない。味付けは塩だけで、皮はむかず包丁も入れないで、大きいまま煮るところもある。古くは餅は入れないでサトイモだけだったところもある。サトイモの小芋でなくて親芋でなければならないというところも多い。これが子孫繁栄、家の発展につながるとされていた。佐多大泊では包丁を入れずにそのままで吸い物にして尻の方から食べた。大隅半島南部ではかならず秋大豆のモヤシを入れた。おそらくサトイモと同様に昔からの食品だったのであろう。根占浦では、今（昭和五十六年）でも元旦の朝はサトイモとモヤシの吸い物で、餅は入れないという。

元旦は忌みこもる日であった。声高に話をしてはいけない、咳をするのもいけない、雨戸も少しだけ開けておけといわれたという。若水汲みに行って人に会っても言葉を掛けてはいけないとされていた。人の家を訪れることはもちろん、親元に行くこともいけないというところもあった。一般的には薩摩よりも大隅のほうが厳格に守られていたようである。

古くは忌みこもる期間はもっと長かった。南大隅町佐多辺塚《へつか》の人びとは正月七日までは声高に話をすることを控えた。それで錦江町田代の人びとはこのあいだに稲尾山麓の萱刈りをおこなった。ここは蓑にするよい萱が多いところだったが昔から辺塚の入会権《いりあいけん》があった。かねてだったら激しく文句をいわれるのにこの期間だけはそれがなかったからである。

曾於市末吉馬渡ではこの朝、餅二個を焼いて食べた。これを歯固め餅という。これには次のような伝説が伝えられている。

ゴカイサン（親鸞上人）は地獄の血の池の中に入り、三年三ケ月のあいだ修行した。上人が池から上がってきて唾を吐くとそれが赤い椿になった。このおかげで女たちは椿油を髪につけられるようになった。

昔、ゴゼどんが門付けしてきて、

　パッと吐きたる椿の木

ご恩忘れぬ末の世も

油にすめて

　手を合わせて頂こかいな

と歌ったという。昔の女は椿油をつける時にこのゴゼ歌を唱えてからつけた。上人の歯は長い苦労のため浮いた状態になっていたが、正月の餅をひとつ食べたら元に戻り、ふたつ食べたらもっと固くて丈夫な歯になったという。また、ここでは元旦の朝、サトイモを植える畑をどこにするかを決めたという。他の作物はあとでよいが、これだけは元旦に決めた。

正月二日、芦北町宮崎では夜明けとともにカシノキ二本を山から伐ってくる。一本は屋根を越すような長い木、もう一本は二メートルくらいの短い木であった。これを若木伐りという。担いでくる時、

　これに乗らんせ　田の神さまよ

内に帰って祝い　申しましょう

と歌った。二本伐ってくるのは田の神さまが夫婦だからという。長い木は枝葉のついたまま庭に立てて置き、田植えのときの茶沸かしの薪とした。短い木は二日の朝、初田打ちの時に田に立てて祝った。芦北町田浦竹之内では若木を伐ってきた後、屋根葺き用のミチツナ（長さ二間くらい）を三十三本なった。一本ごとに歌があった。断片的であるが歌詞を記しておく。

田では田の神　おん山の神
内には福や大黒　飲めや大漁
歌えや恵比須　中のお酌は福の神
ここと向かいと　地続きなれば
鳴子つけ苗の鳥は追う
倉はどこに建つ　尾の上の隅に
七つ倉建てまいらす
風にしなゆる尾の上の松の木よ
しなわぬものはあだな姿する

芦北町葛俣では長いほうは稲干しのためのハザ（稲架）にした。短いほうは二日の朝のうちに苗代田に立てて初田打ちをするところが多い。

このような若木伐りは鹿児島県でもほとんどの地域でやっていた。北薩地方ではシイ、カシなどのできるだけ真っ直ぐなものがよいとされ家族の男の人数分だけ伐ってきた。この時は、他人の山のものでも伐ってよいことになっていた。庭に立てて置き、田植えに作る赤飯（田植えの時の赤飯は特にトッノコという）を炊く薪にするところが多い。

他人の山のものでも若木として伐ってよいというのは、「盗む」という行為ではないのか。本書「年齢階梯制」の項で述べたカキやミカンを盗む行為とどう違うのか。このふたつは、根源において同一の心意にもとづくものであったろう。

阿久根市鈴木段《すずきだん》では、庭に立ててある若木にヒヨドリが止まったら日年、モギッチョ（百舌《もず》）が止まったら雨年になると占ったという。

大隅地方では山ン口開けとか、二日山とかいって鉈の使いはじめとされていた。北薩と違い、薪をとってきて木戸口にしばらく飾っておく。ここではいろいろな道具の使いはじめの日とされていた。例えば臼起し（臼のクチアケ〈口明け〉ともいう）をする。大晦日に臼の上に箕をかぶせ縄でくくり、寝かせていた（休ませていた）臼を起す。子供やニセがやってきて縄をとき杵でコッコッ二、三回搗くまねをした。鹿屋市野里では子供たちがやってきて、

コンコン　コタコンコン　爺さん　婆さん　長う生きいやい

米も安なろ　世もよかろ　コタコンコン　コタコンコン

と唱えて餅をもらった。田のクチアケといって、苗代田に柴を立て米や塩、餅などを供えてから三鍬打ちかけるところもある。これを鍬入れと称するところもあった。

漁村では船祝いとか網祝いと称して、網元の家で二日祝いをすることが多かった。南大隅町尾波瀬《おばぜ》ではこれをフナコ祝いといい、これに招かれることは一年間は雇ってくれるという意味があった。

正月四日には肝付町内之浦大浦では朝早く、男の神役であるショホイドンがオノコエ（時・斎の声）を三ケ所であげた。山の神を祭ってある川の中州から村を向いて三回、神社のほうを向いて三回、東のほうを向いて三回「オーオー」と唱える。合計して九回唱えることになる。そのあとショホイドンが、準備してある枯れ竹で火を焚く。パンパンとはじける音を聞いて、村人は各自の家で火を焚きはじめる。昭和二十年までおこなったが翌年から中止した。このような祭りのことをシバという。ここに限らず大隅南部では祭りのことをシバという。他の地域でいうトキ（時、斎）のことである。

大隅地方でも根占周辺では山ン口明けを、正月四日にした。ここの浦集落では、早朝小鳥が枝に止まらないうちにトッギを伐ってくる。トッギとか、火のトッといったりする。カシ、マテ、シイなどの雑木の大きな木で、竈のウガマ（大釜）の裏の両脇に置き、火の神さまに供えた。ここでは四日以前に鎌や鉈を使うことはきびしく禁止されていた。トッギは正月六日には取り去り一年間とって置き、年の晩のトッとして囲炉裏で燃やす。根占大浜でも似たことをやるが、鉈の使いはじめまたは初山ともいった。

錦江町根占西本では正月全体について次のようにいわれていた（小正月のことがでてこないのは気になるが）。

正月三日は正月
四日はトッ伐い
五日の蓑の葉取い
六日はまた年の晩
七日は七日節
八日と九日は神田どんのタンモン取い

十一日は餅の汁
二十日は粟飯でウトバカセ

少し解説すると、次のとおりになる。

正月三日間は正月らしくゆっくり休む。

四日はトッ伐《ぎ》い（浦集落で述べたとおり）。

五日は蓑葉を取るのにちょうどよい時期で、早朝男たちが辻ノ岳山麓に行った。このあたりは国有林で自由に刈り取ってよかった。正午過ぎになると五、六人が組になって、雄川《おがわ》にかかる橋を渡って帰ってくるのがみえた。

六日はまた年とりの晩である。

七日は鬼火焚きや、七草雑炊。

八日と九日は大地主である神田どんの焚き物（薪）取りで、小作人たちが、無償で働く日。労せずして神田どんの庭には薪が山と積まれた。

十一日は供え餅をさげて、餅汁を食べる。

二十日は村のいつもの姿に戻り、粟飯を食べて明日からの労働に備える。何かとものいりの多い、正月を追放して本来のつつましい生活に、戻らねばならない。

指宿地方の民謡に、

正月はそけ来た　デデ（ダイダイ）は赤こうなる
子供は喜ぶ　親は心配する

というのがある。めでたい正月の祝いごとも親にとっては金銭の出費がともない、心配の種が尽きることはないのが世の常であった。正月一ケ月の生活費は残り十一ケ月分と同じくらいかかるというところもあちこちにある。そのような正月は早く追い飛ばしてしまえ、という庶民の気持ちがよく現れている。

正月四日、阿久根市尻無では「御文章おこし」をした。オヤサマ（厨子に入った木の仏）が祭ってある家で村のコズ（小僧）がお経をあげた。

六日年　六日はムカドシ（六日年）といい、夜はふたたび年の晩だといって祝う。南大隅町外之浦ではこの夜になると、子供たちが各家を訪れて表の間に上がりこみ次のように歌った。

ちんからかーめの　金になるまじゃ
おうからかーめの　おーぎになるまじゃ
鶴の千代　亀の万代
若松の緑　小松の末まじゃ
おうかーうち　しょうじおんない
隠れ蓑　隠れ笠
（ここで種子籾を播く）
打ちでん　こんづん
とんめん袋
いのいのしゅ　かねがねーにゃ
ぜーん引き　かーね引き

お祝い申そう

注　故老の説明によると「いのいのしゅ」は、宇宙全部を現わしているという。

種子籾は満潮時にあわせて播いた。各戸では餅を子供たちに与える。この行事に今年（昭和四十九年）もおこなった。この周辺の大泊、島泊などでもおこなっている。この行事は種子島ではクサイモン（福祭文）といい今でもさかんに実施されている。

正月七日に鬼火焚きをしているところは非常に多い。三十年も四十年も中止していて復活したという話もよく聞く。子供会の野外行事として活動内容が現代流にマッチしているからであろう。この火で焼いた餅を食べると一年中病気をしないなどという。燃えさしの竹を木戸口に備えておくと家業が繁栄するともいう。この時の燃え残りの竹で、囲炉裏の自在鈎を作るとよいとあちこちで聞いた。燃え残りの笹を牛馬に食わせると丈夫になるというところも多い。

出水市松尾では子供たちが、「オネッキョ（鬼火）、オネッキョ、テンズ（天井）の鍋釜とけろ」と唱えながら焚いた。

中甑島の平良ではこの日をケーフゼック（貝ふき節供）といい、広場や海岸でほら貝を吹く。すると鬼が驚いて餅を落とすといわれていた。実際、垣根などに餅が落ちていて子供は喜んで拾った（事前に大人が置く）。またここでは、ババノキという火に焚くとよくはじける木の枝を持ち、各家を回りお祓いをして餅を貰い歩いた。貰った餅は海岸に臨時の竈を作り、焼いたり煮たりして食べた。

上甑島の里村では子供たちが、正月十六日海岸に竈を作り料理して食べた。夏にある盆釜の正月版といえる。

薩摩川内市市比野やさつま町宮之城でも、鬼火にびっくりした鬼が餅を落とすといい、翌朝子供たちは拾いに行ったという。

大隅半島では鬼火焚きの火種を持ち帰り、七草粥を料理する火種にするところが多い。七歳になる子供は甍《いらか》のみえる、七軒の家から、七草粥を貰ってきた。この時、鹿屋市では、橋を渡るものではないとされていた。川向うを異界視する習俗が、ここにも現れている。

南さつま市金峰大野では昭和十年ごろまで、この日にハカイユエ（計い祝いか）がおこなわれた。十歳前後の女の子たちが餅、粟、砂糖などを持ち寄り甘納豆をつくって食べた。

芦北町葛俣では、鬼火焚きは戦後中止されているが、鬼の髪が焼けて蚊になり、肉が焼けて百足になったなどと昔はいわれていた。

正月十一日に、南大隅町根占の周辺では臼起こしをするところが多い。年末に臼の中に餅、サトイモ、モヤシを入れた箕を供えておく。この箕を主婦が取り去り、杵で三回搗く真似をする。ほかに箪笥開き、梯子開き、ワラウッゴロ（藁打ち槌）開きなどといい、諸道具の使いはじめという。

内之浦の周辺では、十一日に初田打ちをするところが多い。朝早く行き他人と会わないようにした。苗代田にユズリハ、種籾、塩を供えて「一鍬で一万石、二鍬で二万石、三鍬で三万石」と唱えながら土を打ちかけた。この日、大隅地方ではサトイモとモヤシを食べるところが多かった。鹿屋市串良周辺ではこの日、かならず茶園コシタエ（拵える、手入れすること）をした。除草や土入れをしてから後、サトイモを煮て食べた。

小正月　大正月に対する小正月は貧乏人の正月というのは県下一円でいわれていた。鹿屋市串良上小原では、大晦日の晩は遅くまで地獄提灯が走り回るといわれた。借金取りが忙しく走り回り貧乏人がやりくり算段で、安穏としておれない状況は先述した指宿の民謡のとおりである。何とか年越しをして、やっと正月気分になれるのはこのころになってからなので、貧乏人の正月という。

小正月は多彩な予祝行事に満ちていた。南大隅町丸峰では正月十四日にガンゴ（烏）を藁で作る。稲刈りの直前に稲穂二株くらいを刈り取っておく。これを初穂刈りという。穂のままで実のなる木（シイノキなど）に掛けておく。この日に臼で脱穀する。カッサ（籾殻）も取っておく。翌日の早朝主人が湧き水を汲んできて、この米で粥を作る。初穂の米だけでは不足するのでほかの米も加えて作る。

柳の箸で家族みんなが食べる。子供たちは蛇にかまれないようにと、粥を手足に塗りながら食べる。食事が終わると、初穂の藁の穂先を粥の中につけ、前日臼で搗いたカッサにもみこみ、これを稲穂に見立てる。根から十センチくらいのところから、折り曲げて烏の口にみたてる。これにネコヤナギの枝で作った杭をさす。杭にはユズリハとモロノキ（イヌガヤ）の小枝を藁で結びつける。ガンゴにつけた杭を萱葺きの軒端にさしこみ、春になり苗代田に種播きをしたあと、田の水口にこれを供える。この時、粢《しとぎ》も供える。粢は子供たちがやってきて食べてしまう。丸峰ではこの一連の行事をホダレビキ（穂垂れ引き）と称していた。秋の穂刈り、小正月の予祝、種播きの水口祭りと三段階のプロセスを経て稲魂を継承する儀礼である。昭和十年ごろまでこのようにしていたが、中止して久しいので行事の内容を知っている故老

ガンゴ作り　藁でガンゴ(烏)を作る。烏を神の御使いとして祭り、豊作を祈願する行事である。（南大隅町丸峰・昭和52年・小野重朗氏撮影）

もほとんどいなくなった。

十四日の夕方から子供たちによってはじまる「麦ほめ」は阿久根市にもっとも多く出水や川内にも及んでいた。

阿久根市高ノ口の場合は、

ここの麦はよか麦
一升播いて八石
八石そろえて十六石
三とこいまいけて（三ケ所束ねて）押し立てて
俵に詰めて富士の山

と歌ってから餅を貰った。餅が少なかったりすると子供たちは、「がんたれ麦（駄目な麦）」とか、「黒麦」とか悪口をつぶやいた。同市脇本馬場では、約二メートルくらいの竹の先を四ッ割りにして戸口でガタガタ鳴らしながら歌った。歌の文句は集落によって若干違いがあったが大同小異であった。

この夜は野菜などに包丁を入れず皿からはみでるくらい長いままで料理するところが県下一円にみられた。これもホダレビキ（穂垂れ引き）といい、特に薩摩側に多くみられた。稲が大きく成長することを祈願している。ネコヤナギの枝で箸を作って食べ、子供たちはこの箸を障子の桟などのできるだけ高いところに背伸びして乗せて、翌朝はあまり背伸びせずに取ることができたといって喜ぶ。これも稲の成長を願っているのである。

食べたあと、「実がいった、実がいった」といいながら座敷の中を上座の方向に寝転んだ。稲穂が上向きになるように、あちこちに倒伏しないようにこのようにしたのである。この夜食べたあとの食器類は洗わずにそのままにした。洗ってしまうと田の水口が落ちてしまい、水不足になるという。水も飲んではいけない。

ほかに生り木責め、もぐら打ち、嫁女たたき（ハラメウチ）、カセダウチなど行事が多い。従来、雀追いは本県ではあまりみられないとされていたが、丹念に調査するとあちこちに残っている。出水市の旧江内村では多くの集落で子供たちが竹棒で藪をつつきながらおこなっていた。阿久根市鶴川内木佐木野では男の子はもぐら打ち、女の子は雀追いをしていた。

大正月の衰亡が激しいのに対して、小正月の行事は平成も二十五年に達した現在でも根強く各地に残っている。まさしく常民に密着してきた「生活の古典」といえる。

正月二十日は正月の残り物をみな処分する日であった。魚も骨だけ残っているので骨ン汁にして餅や大根などを入れて食べた。この日にヒジンにあうと、一年中餓えに苦しまなければならないといういい伝えがある。ヒジンというのは方言で飢餓状態を意味している。昭和元禄時代（マスコミの造語で爆発的に流行した時期があった）以降は、死語になった方言である。だからこの日は腹の皮が石のように固くなるまで、たくさん食べよといわれた。食べ物をあとに残すと一年中、田畑に雑草がはびこり取り終えることがないというところもある。

鹿屋市瀬筒ではこの日にインノコシイボ（エノコログサ）を取ってきて、墓と仏壇に供えた。

根占地方には昔、二十日参りの習慣があった。集落ごとに若い男女十人くらいが、泊りがけで佐多岬の御崎神社にお参りした。これをハッカメイ（二十日参り）といった。帰ってくる若者たちを村人が大浜海岸まで迎えてサカムケ（境迎え）をして、太鼓、三味線で賑やかに歌ったり踊ったりした。この若者たちがあの世にいってから先輩たちに、「お前たちはちゃんとハッカメイを済ませてきたろうね」と念を押されるという。一種の成人式の意味があった。

正月二十三日に、二十三夜待ちをやっているところは今はないが、昔は相当さかんであった。故郷を離れてい

カギ引き風景　このような大木で引き合い、豊凶を占う。
（鹿屋市細山田　山宮神社・昭和56年）

る者に対して陰膳《かげぜん》をこしらえて安全を祈願した。親戚・知己は団子や菓子を持ち寄り夜食（ヨナガイという）とした。時には歌ったり踊ったりすることもあった。月のでるのを待つのが本来であったが実際は早く切り上げた。昭和十六年ごろになると出征兵士も多くなり、異国で戦う息子や夫の安全を祈る性格が強くなった。日増しにふえてくる戦死の公報が、座を暗くすることが多かった。忙しい時に長話をする者がいると、「話は二十三夜待ちにしてくれ」と釘をさした。

第二節　春　夏

予祝祭　大隅地方では二月から三月にかけて、稲作の予祝としてカギヒキをおこなう神社が多い。エノキ、ケヤキ、ムツノキ、サクラなどの股木になったものを伐ってきて、雄木と雌木に見立てて引っ掛けて引き合う。根占の鬼丸神社、高隈の中津神社、細山田の山宮神社、志布志の安楽神社などでおこなわれている。神社の境内で木の牛に木のモガ（馬鍬）をつけて田をよむ模擬をおこなう。鬼丸神社ではその時、

上ン田原が千町　中ン田原が千町
下ン田原が千町　三千町の田原を
たったひしてで（一日で）

打ったい　よんだい　できもそかい

などと言葉を掛け合い、即興的におもしろおかしい所作をしてみんなを笑わせる。その後、神主による神事があり種子籾を境内に播く。参列者は神さまの種子としてこれを拾い、家に持ち帰り大切に扱う。棒踊りなどを奉納するところも多い。

大隅の肝属平野では旧二月と旧十月の最初の丑の日に、山の神と田の神が交替するとされていた。したがってこの日に、田の神講をおこなっていたが、新暦の一月おくれになったり、年一回に簡略化されたり、まったくおこなわれなくなったりしている。

鹿屋市串良上小原では旧二月の最初の丑の日に白米を炊き、藁つとに入れて木戸口の木の枝にお供えした。この白山《はくさん》神社ではホイドン（神主）を招いて祭りをする。この太鼓の音を聞いて高隈山の山の神が、「よか音がすいが、くだってみろかいね」といって田の神になってくだってくるとされていた。神社では蓑笠を着けたニセたちが木製の牛を使って田を耕す所作をおもしろおかしく演じて種籾を播く。最後は方限（集落）ごとに棒踊りや虚無僧踊りを奉納する。

旧六月九日に白山神社ではナゴシ（夏越し）祭りをやった。中山という少し離れたところにある丸池という水源地まで神輿《みこし》を担いで行き、水に浸してホイドンが祝詞をあげてから各集落を巡回する。中山には茅の輪くぐりも準備してあった。白山神社は明治十年ごろまではここに社殿があった。なおこの神社の祭神は菊理媛《くくりひめ》である。

三月節供　三月節供は現在、一月遅れでやるところが多くなっている。それも誕生祝いがさかんになって、三月節供も五月節供も押され気味である。

出水市名古の場合、昔は豪華な雛祭りをした。カマスに藁をつめて山を作り白い布を巻いて雪とする。山にはなった。

サクラ、ツツジ、モモなどの花を飾る。白餅、紅餅、緑のよもぎ餅などもいろどりをそえた。親戚・知己が贈ってくれた赤い衣装もきれいに飾る。特にはじめての女の子の場合は親戚・知己なども招いて盛大な宴会をおこなった。

山川成川では古くは男の子、女の子に関係なくはじめての子供の場合は盛大な祭りをした。三日くらい前から、松や杉の葉、ヤマザクラ、ツツジの花などを取ってきて山を作る。山というのは表の間に木箱を三つくらい置き、杉の葉で丁寧に垣根を作る。その中に松や先ほどの花をきれいに飾る。一方、縁側にも小さい箱を置き同じような飾りをするが、これは浜といい、山ほど派手にはしない。三月十日になるとこれらをすべて取り去った。これを山くやし（こわすこと）といった。五月節供が男の子の節供といわれるようになったのは昭和十年過ぎのころからであった。

大崎町立小野《たておの》でも三月十日は山くやし、または雛女くやしといって雛祭りの飾りをかたづけた。ここでは、この日は早馬祭りとして牛馬の安全を祈る日でもあった。村中の人が岡の上に集まりご馳走を食べたので花見ともいった。

海岸近くの村々では、このころにくる大潮を特に節供潮といい農村の人びとも海岸にでてきて、貝や海草を取ったりして楽しむ習わしがあった。鹿屋市古里では三月四日をイソナッサン（磯慰み）といい、家族そろって海岸にでて海のものを捕って食べる日とされていた。これは県下どこでも広くみられるものであり、花見、デバイ（出張い）などと称し、今（平成二十三年）でもおこなっているところが多い。

このころ、若い男女は岳参りをする習わしが県下一円にわたってさかんであった。鹿屋市の若者たちは旧三月三日に夜中立ちをして高隈山（一二三〇メートル）をめざした。背には握り飯を三食分、草履を二足背負っていた。

草履の緒には白い紙が巻いてあり、晴れの日の意味がこめられていた。衣装もこざっぱりしたさらし木綿をつけていた。山上には垂水方面、百引《もびき》方面からの若者もいっしょになってあふれかえったという。岳ン花（ツツジ）をたくさん取り、帰って親戚・知己に配った。もらった家ではかならず豆腐などをお返しした。サカムカエの名残りだという。同様にして根占周辺の若者たちは辻ノ岳（七六三メートル）に登った。

阿久根の若者たちは旧三月四日、横座峠を越えて薩摩川内市東郷の藤川天神にお参りした。朝五時ごろでて、十時ごろついた。これをモノメイといい、出店が立ち並び近郷の若者たちでごったがえした。「馬をみるなら笠山、喧嘩みるなら川内の寄田、娘みるなら藤川天神」といわれた。若者たちが帰ってくるのを村人は村の入口でサカムカエをして歓迎した。お多福の面や道化師の扮装をして、おもしろい歌や踊りで盛りあげた。お多福の面などは、旧二月七日の嫁女市で仕入れた。村の集会所にはご馳走が準備してあり、おおいに飲酒し騒いだという。

北薩の紫尾山《しびさん》（一〇六七メートル）、葦北の大関山（九〇二メートル）なども若者たちの岳参りの山として有名であった。このような岳参りをきっかけにして、なかよくなり夫婦になったという話も多く伝えられている。

旧三月八日、出水市野田中郡《なかごおり》ではトッ講といい、集落の出入口二ケ所に注連縄を張りニンニク、炭、八ッ手の葉を供えた。ニンニクは昼を、炭は夜を意味し、昼夜を分かたず八ッ手を拡げて病気をはじめその他の悪いものが村内に入りこむのを阻止するためという。このような習わしは県下に広くあるが、期日や名称はさまざまである。

五月節供　一月おくれで新暦六月五日におこなっているところが多い。これについては南大隅町浜尻に次のような昔話が伝えられている。

昔のこと、大きな蛇が何匹もやってきて次々に村人たちを呑み込んでしまった。ある男だけが、山か野に逃げ込んで命が助かった。しばらくしてから、男が自分の家に帰り中を覗いてみると、一匹の大きな蛇がとぐろを巻いていた。男はエヘンと咳をしながら家の中に入った。とたんに蛇は男のウッカタ（妻）に姿を変えた。ウッカタは男に向かって「長ぶい（久しぶり）だからゆっくりしてね」といった。そして、「用があるから外にでてくる。その間、太鼓を叩いておってね」といって姿を消した。

男がいわれたとおり太鼓を叩いていると、一匹の鼠がでてきて、「蛇はお前を噛み殺すために川へ行き歯を研いでいるのだ。すぐ逃げよ。太鼓は俺が叩いているから」といった。男はすぐに逃げた。鼠は尻尾で太鼓を叩いたので急に音が小さくなった。蛇は不思議に思い帰ってみると、男がいなくなっていた。すぐに蛇は追跡をはじめた。あと一息というところまで蛇は男を追い詰めた。

男はフッ（ヨモギ）の多いところに逃げ込んだ。フッの強い匂いによって人の臭みが分からなくなってしまった。男はさらに菖蒲の生えている原に逃げ込んだ。いよいよ蛇の臭覚はおかしくなり男を完全に見失った。こうして男は助かった。なお、鼠は男の先祖の霊であることがあとで分かった。これから、邪悪な者を退けるためにフッと菖蒲を屋根にさすようになった。

曾於市末吉馬渡には次のような昔話が伝えられている。

ある夫婦が妻の実家に行く時のこと。途中の山中で妻が突然大蛇に変身してトノゾ（夫）を呑み込もうとした。トノゾは臭みの強いフッと菖蒲のある原に身を隠した。大蛇は臭みにたえられず、奥山のほうへ消えてしまってトノゾは命が助かった。それ以来、夏に向かい蛇のでやすいこの時期にフッと菖蒲を家の軒端三ケ所にさすようになった。なお、ここでは女の髪をふたつに裂いた時、汁がでてくるのは大蛇になる性質だといわれていた。

出水市六月田では昭和初期まで、五月節供の時にオロという馬追いの模擬行事をおこなっていた。この日、男の子たちは、「五月五日馬追いの事」と記した紙を竹にさし旗指物のように背負う。さらに右肩から左脇下にはアクマキ（粽《ちまき》の一種）を包んだ風呂敷を掛けて家をでる。

村はずれに大小ふたつのオロ穴が掘ってある。大きいほうは直径四メートル、深さ一メートルくらいである。小さい子供たちが褌ひとつになって穴に入る。前日穴の中には水をたっぷり入れてあるので泥ンこ状態になっている。十四歳になるチゴ頭が上からさかんにバケツで水を掛ける。穴の中の子供たちは駒になったつもりで泥の中をピョンピョンと跳ね回る。チゴ頭が駒を捕らえようとするが、そうはさせじと駒たちは暴れまわる。最後は捕らえられて穴から出される。でるところは急な坂になっており、しかも滑りやすいように赤い粘土を塗ってあるので大混乱になる。上にあがった駒は小さい穴に入れられる。これを何回かくりかえしてから川原にでて、泥を洗い落としてアクマキを食べて一休みする。

その後、川向こうの上村集落の子供たちと石投げ合戦をする。麻の紐の一端に小石をはさみもう一方を手に巻きつけて回して、遠心力を利用して川向こうに投げる。これをイシモッコと称した。小さい子供たちは石を拾ったり、下準備をする。石が当たって怪我したことは一回もなかったという。オロ穴は昭和四十年ごろまで残っていたが、その跡は水田になっている。

六月田の西にある八幡集落の場合は竹と杉の葉で垣根を作り、旗を何本も立てて砦のようであったという。オロに入る前に少し離れた湿田まで行きわざと泥ンこになった。オロが終わると沖田集落の子供たちと石投げをした。危険きわまりない野蛮な風習ということで、小学校の先生たちが取り上げて廃止することになった。しばらくのあいだは先生たちの巡視が続いたという。これは昭和十年ごろのことであった。

このようなオロ行事は高尾野、野田、阿久根などでも広くおこなわれていた。オロン畑、オロン岡などという小字名にその痕跡をとどめている。もうひとつ特徴的なことは決して相手の村中にまで攻め込むことはなかった。逆にニセなどが中に立ち相撲をしたり、和を結び連合軍をつくり、相手の連合軍に対抗したりした。川の流れに沿うた水田農耕民が内に対立・抗争を含みながら、どこかで協調する姿の縮図である。

小野重朗氏は「オロ馬追い」について出水地方だけでなくて指宿、垂水、始良地方などの豊富な事例に触れながら論究されている。その中で、

> この石合戦と、馬追い行事と比べてどちらがより古い行事であるかは分らないが、石合戦は民俗学で言われるような年占民俗としてあるのではなくて、これも狩猟者の末裔としての武士たちの持っていた習俗のように思われる。

と記している。[24] 私は石合戦のほうが馬追いよりも古い行事であろうと思っている。川を隔てて向き合う集落間においては対立する要素が多かった。

川に井堰（井手）を作り、水を引いてくることで川のこちら側（此岸《しがん》）と向こう側（彼岸《ひがん》）とは対立せざるを得なかった。どんな小さな川でも向かい側を「向江」といって異界視することは、民俗調査の経験のある人ならば体験しているはずである。引いてきたあとの水の分配をめぐっても上流側と下流側との対立はあったが、それは二次的なものであった。井堰において水田に必要な水の絶対量を確保することがまずはもっとも重要なことであった。

このことは本書「盆」の項で述べる、根占における火を焚きながら川向こうの集落の子供同士で、口喧嘩する行事と同じ背景から生れたものであろう。本書「村制」の項で述べた五十～八十戸の村（かつては郷中・方限と称していた）こそが団結しやすく、かつ動きやすい規模であった。そのためには自分たちの帰属感、一体感をた

かめる必要があった。

本格的な田作りを目前にしてオロという馬追いを模したスキンシップが必要であった。藩政時代、笠山を中心とした瀬崎牧の駒捕りは藩の役人も出張ってきて、出水郡内の農民たちは勢子《せこ》として駆り出されたという。これらの馬追いが様式化されて各地の子供行事として浸透していったと考えられる。

なおオロの語源について、山から里へ駒を「降ろす」から起こったという説があるが、阿久根市脇本古里のある故老によると、駒を追い立てる「オロオロ」という掛け声からきたのだろうということであった。曾於市末吉柿ノ木では仔馬を呼び集める時に、「オロロイ、オロロイ」と掛け声を掛けたという。こちらの語源説が正しいのではないだろうか。なお垂水市柊原《くぬぎはら》ではこのようなオロ追い行事を今でも（平成二十四年）おこなっている。

旧六月一日を内之浦坂元ではマンゴメツイタチという。ススキの葉にシトギを包み田の水口に供えた。マンゴメとは「万石米」である。この周辺の多くの集落にこのような風習があった。

旧六月十八日に錦江町宿利原では地蔵講をおこなっていた。各戸から麦を一升ずつ集めて酒を造る。すっぱい味がしてはじめての人はなかなか飲めなかった。他村から嫁入りしてきた人は三年目になってやっと飲めるようになるといわれていた。これを飲めるようになってはじめて本当の村人になれるともいわれていた。この酒は村の地蔵さまに、妊娠している女が、お供えしたという。明治中ごろまでこのような風習があった。

夏になるといろいろな虫類がでてくる。大崎町では語呂合わせで次のようにいわれていた（すべて旧暦）。

四ノン　　四月に蚤がでてくる
五ヘ　　　五月に蝿がでてくる
六カ　　　六月に蚊がでてくる

七アッ　七月に虻《あぶ》がでてくる

出水市武本あたりでは、ナガシ（梅雨）があがり暑さがひどくなるころにナッデ（夏礼）をした。ぼた餅などちょっとしたご馳走を作り親元に届けたり、嫁に持たせて実家に帰したりした。気のあった友人同士でも「ナッデをしようか」「そいじゃハギで、すいが」ということになった。ハギとは割り勘のことである。

これに対して真冬にもまったく同じようなことをした。これをユキミメ（雪見舞い）といった。ナッデやユキミメの時、フダ（譜代）が旦那（地主）の家にぼた餅などを届けることもよくあった。これに対して旦那は、お返しとして古着類を与えることが多かった。このような習慣は熊本県津奈木町平国などにもあった。

佐多上園《あげんそん》は約七十戸で昔から七門《かど》あった。夏のころに太鼓踊りを稲牟礼神社に奉納していた。虫払い、雨乞いなどの時に踊るもので、毎年はしなかった。踊りは門ごとに組を作っていたので競争心も激しかった。神社の庭には七門の幟が立ててあり、その周りを門ごとに踊った。幟には年号が入っていて古いものは天保年間（一八三〇～四四）のものもあった。

上園では旧七月十五日、ニセ、オゴジョ（若い男女）が連れ立って佐多岬の御崎神社にミサキ参りをした。この時、岬に自生しているミサキシバ（マルバニッケイ）をたくさん取ってきて親戚・知己に配る。このシバを各自の田の水口にお供えして豊作を祈願した。

さらに旧十月十九日にはニセ、オゴジョが連れ立って、稲穂を持ち御崎神社に願成就のお参りをした。帰ってくるのを村の入口に迎えてサカンケ（境迎え）をした。村人がご馳走や焼酎を持ち寄り、歌ったり踊ったりしておおいに賑わうものであった。

第三節　盆

盆の直前になると、オミナエシ、キキョウなどの盆花を取ってくる。

肝付町内之浦大平見ではインノコシイボ（エノコログサ）、デッバ（和名不明）、アワバナ（オミナエシ）などを取ってくる。この周辺では盆の十一日になると、北方《きたかた》の白浜氏の屋敷内にある小祠（祠名不明）の木の枝、竹の笹などを折り取り女が髪にさしてくる。セロサマ（精霊さま）をこれに乗せてつれてくるという。セロサマの箸としてハギの枝を取ってくる。祭る人のいないフケゼロ（無縁仏）の分まで準備した。

佐多浜尻では旧七月十三日の夕方になると桶に水を入れて外庭に置き手拭もそばに掛けておく。雨戸も障子も少し開けておいてセロサマが入りやすいようにする。表の間の外側には下駄を準備した。この周辺の大浜、郡などでもこのようにする習わしだった。

祖霊が赤トンボに乗ってやってくることは広くいわれている。鹿屋市萩塚ではこの赤トンボは好んで萱を食べるというので木戸口の左右に一束ずつおいた。

セロダナ（精霊棚）は障子や襖をはずしてこれを立てまわして囲いの中に入れる。屋内に部屋を設けることになる。セロサマは暗くて静かなところが好きだという。仏壇の前に机を置き位牌を並べて、盆の時だけに使う小さな椀や皿に食べ物を盛って供える。佐多の村々ではわざわざ萱で蓙座を編み、その上に供え物を並べた。

阿久根市田代木屋代では盆の箸は一本は立てて、もう一本は横にした。祖霊のボイ（トンボの方言）が、横になっているのがあれば止まりやすい、というつぶやきを聞いてからだという。

これに対して外庭にセロダナを作るところが、大隅半島の南端（根占、佐多など）と薩摩半島の南端（指宿、山川など）にみられる。これらの地域では屋内と屋外の二ケ所にセロダナを作ることになる。屋外のものはセロンコヤ（精霊小屋）とかセロダナと称している。

山川では杉やソテツの葉を竹で押さえて作る。三十センチ四方くらいのものを四個作り屋根、うしろ壁、左右の壁にする。下には供え物をするためにサトイモの葉を敷く。前には線香立てや花立ても置く。これを作るのは男の子である。

佐多では大人の背丈くらいの竹四本を柱にして大きく作る。終戦直後まで作っていたが今は作らない。このように外庭に精霊小屋を作るのは遠い旅路をやってきた先祖の霊の休憩所とか、先述のフケゼロの居場所という。食べ物は少しずつサトイモの葉の上に供える。もっとも重要な供え物はミンノコ（水の子）であった。トイモガラやサトイモ、カボチャなどを小さく刻み水に浸したものである。このミンノコは盆の期間中は墓にも供えた。

盆の十四日、十五日の夜、南大隅町根占川原では子供たちによる火焚きがあった。古くなった墓の線香立てやその他の木や竹を準備しておいて鬼丸神社の下で焚いた。その時の囃し言葉に、

焚っくらんぼ　焚っくらんぼ

浦んワロどんと　焚っくらんぼ

と、隣の浦集落の子供たちの悪口をいう。「くらんぼ」とは、競走することを意味する方言である。走り方を競走することは、「走いくらんぼ」という。「ワロ」とは、奴という意味の方言であり、相手に対する蔑称である。これに対して浦の子供たちも負けじと、悪口をいう。同様にして向き合う位置にある北口集落と西本集落の子供たちも火を焚いて悪口をいい合う。悪態祭りである。「オロ」のところでも触れたように自分たちの帰属感、一

体感を高める行為であった。

南大隅町大浜では、小学校三年生以上の男の子が盆の十四日と十五日の夜に松明を焚いた。これをゴレッソといい、無縁仏を慰めるものだという。七夕竿を短く切りこれに松のあかしを詰めて松明《たいまつ》とする。これをもって農協支所下の海岸にある八合石という巨岩の周りをぐるぐる回る。一方、ニセたちは松葉に火をつけて子供たちにふりかけて妨害するので、海岸は大騒動になった。

出水市武本では盆の十四日と十五日に墓で松明を焚いた。屋根葺き用の道竹を三本組んで立て、もう一本の道竹に松明を入れて吊り下げて燃やした。子供たちが十四日の夜は、

ショロどん、ショロどん、あかあかきやいよ

と歌い、十五日の夜は、

草刈り篭　刈り草を入れ、イネカギの前後につるして担う。（薩摩川内市入来浦之名・昭和53年）

ショロどん、ショロどん、あかあか戻いやいよ

と歌った。昭和十年ごろまでおこなっていたという。その他の地域でもさまざまな火焚き行事が盆にはおこなわれていた。

盆の期間は草刈りをしてはならない、というのが県下ではだいたい共通している。その理由は久しぶりにわが家に帰ってきた祖先の霊が、なつかしい野山を歩き回っており、草刈りをするとその足を切ってしまうからだという。出水市武本野添では菩薩さまが草の露の上に乗っているから草刈りをしてはいけないとされていた。したがって前日までに十分に刈

りだめしておいた。

鹿屋市周辺では盆に凧揚げをする習慣が大正時代初期まであった。子供だけでなくて大人も揚げた。

北薩地方ではセロサマに土産として柏団子《かしわだんご》を作るところが多い。担い棒として麻殻や豆の茎を添えておく。

山川成川では稲の葉を丸く編んでカンメブシ（頭上運搬の時、頭の上におく緩衝物）を十五日の午後になると供えた。供えてある食べ物などをカンメ（頭上運搬）て帰ってもらうためである。これは女の祖霊用である。ここは本書「運輸」の項で述べたように典型的なカンメル地帯であった。男の祖霊用には土産物を担ぐように担い棒として素麺を供えた。

鹿屋市上祓川ではセロどんは遠い道を七日かけてやってくるが、帰る時はミトッであの世に着くという。ミトッとは三時間ということであろう。そのわけは、久しぶりにわが家に帰り祭りもしてもらい、ご馳走にもなったので、元気百倍で早く帰り着くという。

昔、盆の期間中に東串良町溜水《たまりみず》の人びとは十人くらいが組になって念仏踊りをし、肝属平野の遠いところまで巡回した。日帰りできない遠いところは村の大きい家に泊まった。これを念仏宿という。念仏宿では村中の各戸から米、味噌、野菜などを集めて接待した。大正時代末ごろまで続いていたという。

佐多古里でも昭和二十五年ごろまで念仏回りをしていた。年寄たちの指導の元に、ニセたちが中心になりおもに初盆の家を回った。年寄たちのきびしい指導もこの周辺では有名であった。遠くの村まで回るので夜遅くなり眠気に悩まされたという。回った家からは米やお金を貰った。十五日の夜が打ち止めで翌日は決しておこなうものではなかった。このことも年寄たちからきびしくいわれていた。

佐多岩下でも念仏を終戦直後までおこなっていた。ここでは念仏会《ねんぶつえ》といった。盆の十三日の夕方からはじまり、十六日の明け方まで続けておこなった。夜も昼もぶっ続けであったので、眠くて眠くて仕様がなかったという。木の下などで仮眠することもしばしばだった。実際に念仏を唱えるのはニセたちであり、指導係の長老が三人くらいついていて鉦を叩いたり下知をした。ニセたちは陣笠を被り、浴衣を着てタバ草履をはいていた。手には六尺棒を杖として持っていた。

最初は墓でとなえ、その後、各戸を巡回した。各戸では念仏をおこなっているあいだは茶碗に水を入れておき笹で何回もお祓いをした。頼まれると遠くの集落まで巡回し、各戸から米やお金を貰った。米はニセの年下の者がナカイネ（二人で担ぐ）しており、山や川を越える時に少しずつお供えした。カシやユスの大木の下に自然石が置かれていて神としてかねてから崇めている。これをホタテ山といい、ここにも米をお供えした。念仏会の期間以外の日に念仏を唱えると、たたりがあるといい、厳禁されていた。

佐多大泊には昭和二十三年ごろまで盆踊りがあった。若い娘たちが五色の襷を締め鉢巻をして踊った。月夜の海岸で波音の中で踊るのは風情があり、近郷近在からの見物人が多かった。歌の中には、「伊勢にゃ七度、熊野にゃ三度」などという歌詞もあった。

盆の十六日は早朝草刈りに行くものではないと多くの地域でいわれていた。帰路についたセロサマの足を切ってしまうからだという。洗濯物を干したらいけないというところもある。見通しが悪くなったり、干し物につまずくからだという。

阿久根市桑原城では、この日はセロントモをする日だという。折口海岸までおりてきて魚介を捕ったり、泳いだりして磯遊びをする日であった。阿久根市折口の人びとはカワナガレ（川流れ）をした。漁船を借り切って折口川を上ったり、下ったりして酒盛りをした。特に初盆の家がさかんにおこなった。同様な習慣は串木野、川内、甑島、宮之城などにもあり、ショロントモ、ショロ流し、カワナガレなどといった。

錦江町田代ではこの日に山に行くと山姫に会うので行ったらいけないといわれていた。また、ここでは盆の十八日になるとセロサマが蓑と笠を忘れたといって取りに帰ってくるといわれていた。だからこの日はご馳走を作って仏壇に供えた。

第四節　秋　冬

十五夜　鹿児島県では八朔（旧八月一日）の行事は目立ったものはない。甑島では「八朔、古いものなし」といわれていた。野菜、甘藷など新しいものが取れたからである。この日から多くの地域で十五夜綱引きの準備がはじまる。満月の十五夜が動かせないから、この行事は昔から昭和三十年ごろまで、旧八月十五日にどこでもおこなってきた。今では、綱引きをする集落もごく少数になっている。

ここでは枕崎市駒水の場合についてみていきたい。十五歳をツナガシタ（綱頭）といい、子供組（ここではツナンコドン、綱の子供という）の総指揮者である。いずれも綱引きに関する言葉が名称になっていることに注目したい。子供組にとって十五夜綱引きがもっとも重要な行事だったからである。

この行事を円滑に乗り越えることによりツナガシタは次の段階、ニセ組に昇ることができた。ツナガシタは小学校一年生に対して萱の引き抜き方、足の位置、手の使い方に至るまで教えなければならない。ツナガシタは法螺貝《ほらがい》を持っていてこの鳴り方によって萱を引きはじめたり、終了したりする。取った萱は頭にすっぽりかぶって村のチス（鎮守）どんの広場まで運んでくる。綱の材料をそろえるのは子供組の役割だが、綱をなうのはニセたちの仕事である。子供たちがニセたちに対して綱をなうように要請しても、ニセたちは簡単には応じてくれない。萱が短いとか、腐りかけているとか文句ばかりいい、焼酎を飲んで子供たちを追っかけまわしたりする。最終的には綱をなってくれる。

綱引きの当夜（旧八月十五日）は子供組対ニセ組ではじまる。女や年寄が子供たちに加勢するのでニセたちが、また暴れまわるということになる。このような綱引きをめぐる子供とニセの対立抗争、そのあとにくる和解ということについては、小野重朗氏が『十五夜綱引きの研究』（慶友社、昭和四十七年）という豊富な現地調査にもとづく研究書を発表している。一方、八朔から綱引きに至るまで子供たちはチスどんに作られた土俵で相撲を取る。

南大隅町大浜では八朔の日から十五歳のカシタドイ（頭取）の指揮のもとで各戸から藁を貰い集める。もらった藁は年下の子供たちがナカイネして集会所まで運んでくる。カシタドイは行列の先頭に立ち法螺貝を吹きながら意気揚々と引き上げてきたという。集めた藁で子供たちは小さい縄をたくさんなっておく。七日ごろから山からカンネンカズラ（葛）を取ってきて水につけておく。

十三日になるとニセたちがカンネンカズラで芯縄をなってくれる。これに藁の小縄を巻きつける。特に縄の中央はズタンバラといって太くする。十五日の夜は綱を丸く重ねておき、みんなで昇るお月さまを拝んでから子供組対ニセ組で引き合う。村人のほとんどは子供組の加勢をするので、ニセ組は負けることが多かった。ニセたちは電柱や立ち木に綱を巻きつけて対抗する。最後はニセたちが刃物で綱を切って終了する。切られた綱を海岸に運び土俵を作って相撲を取る。

旧八月二十八日、鹿屋市祓川大薗では水神祭りをおこなった。水源地にホイドン（神主）を招き御幣、塩、米をお供えして祭りを終えてから、川原に櫓を組んで八月踊りを奉納した。集落によっては稲穂を供えるところもあった。日取りはいろいろであったが肝属川流域は八月踊りが昔からさかんであった。

旧九月九日、大根占浦ではかならずサトイモを食べる日であった。洗ったままで包丁も入れず塩ゆでして食べた。この日は米にチッカカルナ（触れるな）と親から教えられてきた。

旧九月十六日を大根占厚ケ瀬では、女のイモンコドッといって各戸からサトイモを集めて集会所で煮て食べた。旧十月十六日は男のイモンコドッで、同じようにして食べた。イモンコとはサトイモのことであり、トッとは「時、斎」のことである。

旧九月十六日は山の神祭りの日でもあり、多くの地域で山の神祭りがおこなわれていた。内之浦ではこの日から蜘蛛のケン（網）が切れるので、山に立ち入り薪など取ってよいという。ケンが切れるのはガラッパ（河童）が田から山に戻りあちこち動き回るからだという。逆に夏の川にケンがないのはガラッパが行き来するからだという。

ホゼ　旧九月十九日にホゼをするところが多い。ホゼは「放生会」が訛ったものである。期日はいろいろで、隣の村どうしで同じ日にならないようになっている。曽於市岩川周辺を記すと旧暦で次のようになっていた。

恒　吉　十月十五日　　伊崎田　十月二十九日

月　野　十一月三日　　岩　川　十一月五日

お互いに親戚・知己を招いたり招かれたりした。ホゼの時に行き来するような親しい間柄をホゼ兄弟などといった。ごく親しい間柄では泊りがけでくるようなこともあった。ホゼのご馳走は赤飯、甘酒、蕎麦、コンニャクなどが中心であった。ご馳走の残りを藁つとに入れて、帰路を急ぐ姿があちこちでみられた。ホゼには相撲もつきものであった。いかにも強そうな醜名の相撲取りが村々に姿をみせて喝采をうけた。今では公民館の庭に土俵を設けてあるところも少なくなった。

ここで谷山の馬鹿ホゼ（旧十月十九日）について述べておきたい。麦焼酎をたくさん造り、その供応振りが度を越えた派手なものであったのでこのように名前がついた。

谷山は鹿児島の南郊に位置し、島津七十七万石の城下町のさまざまな需要にこたえるために、多くの職人が腕を競っていた。「腕は谷山だ」という言葉があった。手工芸などにおいて他にぬきんでた技術を持っているのである。大根占の漁村では「谷山ン沖で櫓を漕ぐな」といわれていた。谷山の漁師は漕ぐ技術も根性もしっかりしているからとても勝ち目はないし、恥をかくばかりだという意味である。行事などを派手にやり過ぎると、「谷山の馬鹿ホゼだ」といういい方がなぜか鹿屋、大根占などに多く残っている。

根占横別府は十一月一日がホゼであり、村の代表二人が稲穂を持って佐多の御崎神社にお参りした。一泊して帰ってくると、村人みんなでサカムカエをした。

佐多大泊のホゼは旧十月十九日であるが、岡村家の本家から稲穂九本を持って御崎神社にお参りした。この稲を作る田をカンノメダ（神納め田）といい、一畝半くらいで水口にある。田植えの時はまず最初にこの田から植えた。この田に生理中の女が入ることは禁忌《きんき》されていた。なお、岡村家は郷士であり秀吉の朝鮮出兵にも参加して功績があったと伝えられている。

肝付町高山新富では今でも流鏑馬《やぶさめ》をおこなっている。十月の第三日曜日がホゼでこの日におこなう。四十九所神社の馬場で、射手は中学生の男の子である。昔は数日間、別居、別食して当日は直垂《ひたたれ》に鹿毛のむかばぎといった古式ゆたかな装束《しょうぞく》で馬にまたがった。平成二十三年十月十六日にも実施され、約三百三十メートルを疾走し、馬上から九射して六中であったと、『南日本新聞』に報道されている。的中すると豊作になるといってみんなが喜んだ。同様な流鏑馬が曾於市末吉の住吉神社、日置市吹上町中原の大汝《おおな》牟遅《むち》神社でもおこなわれている。

亥の日　単に亥の日といえば、ほとんど旧十月の亥の日をさしている。芦北町高岡では十月最初の亥の日はカンジン（勧進、乞食）の正月、二番目の亥の日が百姓の正月といって餅を搗く。この餅を舐《な》めて蝿はいなくなるという。真夏の稲作りで忙しい時に、蝿も留守番をして人間に協力したのだからせめて餅くらいは舐めさせてもらうのは当然だという。このことは鹿児島県でも広い地域でいわれていた。

亥の日の餅は早朝に搗けといわれた。神さまが出雲大社に集まって男女の縁組の話し合いをするのに遅れると、いい加減な組み合わせにしてすませるからという。また、女の子のいる家では大きな鏡餅を作った。餅が小さければ良縁をえることができないという。これらのことは県下のどこでもいわれていた。

下甑島の手打ではこの日にサンヨー石突きがあった。石にカンネンカズラ（葛）を何本も巻きつけ、カズラの先端を子供が持ち各戸を回り石突きをする。その時、

さんよー　さんよー
亥の子の餅を食って　はっちかった（行ってしまった）

と歌った。はっちかったのは田の神であろう。このような石突き行事は薩隅両地方ともかつては多くの地域でみられた。

錦江町田代では稲や粟の脱穀がすべて終了した時（ほとんど十二月）、ちょっとしたご馳走を作りニワアガイ（庭上い）といった。白米を茶碗に盛り煮しめなどと箕の中に入れて縁側にお供えした。これがおくれると田の神が「いつ祭ってくるったろかい、まっつけんが（いつ祭ってくれるのであろうか。待ちつけないが）」と機嫌が悪くなるので早く祭るようにした。県下一円にこの習わしがあり、赤飯を炊いて箕に入れて臼にお供えするところ

もある。ただし南薩台地の畑作地帯ではみられない。

第八章　口頭伝承・語りの中の人間模様

第一節　昔　話

魚売り

このあたりに駄賃取りの男がいた。ある冬の霙《みぞれ》まじりの冷たい雨が降る日であった。この日は早く仕事が終わったので馬も小屋に入れてユルイ（囲炉裏）で暖をとっていた。そこへ雨戸をドンドン叩く音がした。雨戸をあけてみるとメゴ（籠）を担いだ三十歳半ばの女が立っていた。魚を買ってくれという。みてみると生きのよい立派な魚なので買ってやった。女は蓑、笠はつけているが雨に濡れて震えている。

男は可哀想になり火に当たっていきなさいよといった。女は客座にあがってきて火に当たった。男はお茶や漬物を出してやった。「おはんな（あなたは）ここらではみかけない人だがどこからきたとな」と聞いてみた。「今日は魚が売れないもんだからこんな遠くまできてしまった」といった。しばらく世間話をしていると女が、「ちょっと待っていてください。そこん先まで行ってくるから」といってでて行った。しばらくすると女は三合入りの焼酎瓶を持って帰って、そこの酒屋から買ってきたといった。酒盛りがはじまった。男はよい気分になって寝てしまった。目を覚ましてみると火は勢いよく燃えているのに魚売りの女はいなくなっていた。

翌日になって男は近くの酒屋に行き、「きのう見知らない女が焼酎を買いにきたろう」と尋ねた。店の人は、「そんなことはなかった。ただ三合入りの焼酎瓶が一本なくなっていた。それと閉めてあった雨戸が少し空いていた」と答えた。男は昨日のことをありのままに話した。不思議なこともあるものだ、きっとキツネかなにかの仕業だろうとしばらくのあいだは村人の話題になった。（さつま町紫尾《しび》）

蜘蛛女

一人息子がいた。ある夜、隣町の道で美しい女にであい連れてきて嫁にした。昼間はよく働くし、村中でもとても評判がよかった。しかし、米の減り方が異常に早いことに姑は気づいた。ある夜、姑が寝たふりをして気をつけていると、嫁が夜中に起きだして飯を炊き握り飯を作りはじめた。姑は起きて嫁をきびしく問い詰めた。途端に嫁は一匹のコブ（蜘蛛）となってジロ（囲炉裏）の自在鈎を伝わって屋根裏に逃げ込んでいった。おそらく屋根裏に住んでいる鬼に、握り飯を食べさせていたのであろう。

だから、夜のコブはどんな小さなものでも鬼が姿を変えているから打ち殺せといわれた。また、氏素性のはっきりしない女を嫁にするものではないともいわれた。（熊本県芦北町佐敷本村）

ヘヤのはじまり

一人息子にとても美しいよい嫁を貰うことができた。七日くらいすると顔が蒼ざめてきて苦しそうだった。姑が、「どこか体の調子が悪いのか」と聞いたら、嫁は「今まで黙っていたけれども、実は屁をしたいのに我慢しているのです」と答えた。姑が、「そんなこと我慢することはない。みな出してしまえ」といった。途端にブーブーという大音響とともに嵐がまき起こり、姑は裏の畑まで飛ばされてしまった。畑には大根があり、姑はこれにつかまったが大根も抜けてしまった。これはとんでもない女だと家を出された。

嫁はどこに行く当てもないので、町の呉服屋の前を通りかかった。そこに呉服屋の主人がでてきて、かたわらにある大きな梨の木をみあげて「あの梨を取って食べたらうまいだろうなあ。だけどあんなに高いところだから取ることができない。だれか取ってくれる人がいたら店の反物をみんな与えてよいのだが」といった。これを聞いた嫁が「私が取ってみましょう」といった。そこへちょうど、座頭が琵琶を抱え杖を突いてやってきた。

嫁が屁をすると大音響がまき起こり、座頭は吹き飛ばされて梨の木の高いところに引っかかってしまった。座頭は何がなんだか分からないまま、道を探すために杖であちこちつつくものだから梨がみな落ちてきた。呉服屋の主人は喜び、約束どおり反物をもらった嫁も大喜びだった。嫁入り先の姑もこの話を聞いて女をつれ戻した。そしてヘヤを作ってくれた。今からはヘヤ（屁屋）で屁をするようにといいつけた。これがヘヤ（納戸）のはじまりであるという。（芦北町佐敷本村）

えんどう豆

まま母が五右衛門風呂でまま子をゆで殺した。ばれることを恐れてどんな場合でも蓋を取ろうとはしなかった。そして中の物はえんどう豆だといい続けた。いつしかまま子はえんどう豆になり、虫がわいた。それからというものえんどう豆には虫がつくようになった。それまではえんどう豆に虫がつくようなことはなく、いつまでもきれいであったという。（出水市高尾野野平）

さんこ鳥

昔、この鳥は日雇い人夫として働いて生活していた。しかしどんなに働いても月にひとつのホシ（でて働いた印）しか貰えず、いつも貧乏していた。だから、この鳥は今でも「月ひしてボシ　月ひしてボシ」と鳴くのであ

る。「ひして」とは、一日のことである。（出水市高尾野平）

ほととぎす

親のない兄弟がいた。兄は盲目だったので兄思いの弟はよいものから先に兄に食べさせていた。秋になり山芋が取れた時、兄は「こんなおいしいものがあるのだから弟はもっとおいしいものを食べているだろう」と思った。ついに兄は弟を殺して胃袋をさわってみた。そこには山芋のビワンクチ（なり口の繊維だけのおいしくないところ）だけがでてきた。罰として兄はほととぎすにされてしまった。今でもほととぎすは千口鳴かんと一口のさらんという。「のさらん」というのは、手に入れることができないことである。（出水市高尾野平）

よすか鳥

この鳥はよく聞くと、

与助、黒助、鉄砲持ってこい

と鳴いている。これには次のような話がある。

ある日、一人の狩人が狩りにでかけた。昼飯時になったら与助、黒助という二匹の犬が突然激しく吠えはじめた。狩人が周辺を見渡しても、特別変わったことはない。それでも犬の鳴き方は止まらない。腹を立てた狩人は我慢しきれなくなって与助、黒助を鉄砲で撃ち殺してしまった。実はかたわらにある大木に、大蛇がとぐろを巻いて狩人を狙っていたのである。ついに狩人は大蛇に呑み込まれてしまった。そしてよすか鳥（梟）に生まれ変わった。だから今でも、

与助、黒助、鉄砲持ってこい

と鳴いているのである。（出水市高尾野平）

よすか鳥

ある狩人が犬を連れて狩りにでた。大蛇がでてきて狩人を呑み込もうとした。それに気づいた犬が激しく吠え立てた。狩人は周りを見渡したが何の異変もない。犬が吠え止まないので、腹を立てた狩人は鉄砲で犬を撃ち殺した。結局、狩人は大蛇に呑み込まれてしまった。殺した犬の名前がヨスカだったので、自分の悪かったことを悔いて今でも、「ヨスカ、ヨスカ」と鳴いている。こういうわけで、よすか鳥と名前がついた。（鹿屋市吾平神野）

山　姫

昔、ある馬方が魚運びの仕事を終えて帰る途中、すっかり暗くなってしまった。ある峠道にさしかかると、絶世の美女が現れて馬に乗せてくれとせがんだ。馬方は話に聞いている山姫だと思ったので、乗せてやるが落ちないように綱でしっかりとくくるからといった。馬方は太い綱で美女を頑丈にくくった。家に帰りついてウッカタ（妻）にむかって、「よか嫁女を連れてきたど」といった。ウッカタが松明を持って外にでてみると、馬の上には大きな牡の狸がくくられていた。（鹿屋市串良下小原）

セロどんの話

ある人が盆の十六日に草刈りに行った。盆が過ぎて帰り道についたセロドン（精霊殿）たちの話が聞こえてきた。一人のセロどんが、「おまいげーな、ご馳走がどっさいあったろうわい（お前のところはご馳走が一杯あったろうね）」といったら、もう一人のセロどんが、「盆やってご馳走どこいじゃなかった。ミト（夫婦のこと）喧嘩ばっかいせっせえ、ご馳走も何もなかった。おいも腹がきえたで子供ンをユルイにけこんできた」（盆なのにご馳走どころではなかった。夫婦喧嘩ばかりして俺も腹が立ったので子供を囲炉裏に蹴りこんできた）。この人はすぐに草刈りを止めて家に帰ってみると案の定、子供が囲炉裏に落ちて火傷して大騒ぎしているところだった。（鹿屋市

川東）

第二節　伝　説

弘法大師―佐敷のはじまり

弘法大師が旅の途中、ここに立ち寄った。一休みするために、杖をついたら、それが根づいた。これから、このあたりをサシキ（挿し木、佐敷）というようになった。

弘法大師―井戸

ある娘が機織りをしていた。そこへ弘法大師がやってきた。大師は水を一杯くれないかといった。この村は水が乏しくて遠いところまで行かないと水がない。機織りをしないと父親に叱られると思ったが、娘は水汲みに行った。水をいただいた大師は縫い針を一本娘に与えて、この縫い針を土にさせば水が湧くと教えた。父親が帰ってきて機が織りあがっていないので娘を叱りはじめた。娘は逃げ出した。これを父親が追っかけた。途中で娘の手から縫い針が落ちて土にささった。途端にたくさんの水が湧きでてきたので、娘も父親も大喜びした。これが今に残っている井元家の井戸である。（芦北町佐敷乙千屋《おっちゃ》）

弘法大師―大根洗い

橋の下で若い女が大根を洗っていた。そこへ乞食姿の弘法大師が通りかかった。大師は女に、「大根を一本恵んでくれないか」と頼んだ。女は泥のついたままの大根を橋の上に投げあげた。「そいじゃ、川の水はいらんとじゃね」と大師がいって杖で川底を突き刺すとアッと思う間に水はなくなった。それからこの川は大根を洗うこ

ろになると水が涸《か》れるようになった。（出水市高尾野砂原）

弘法大師―茶のはじまり

乞食坊主がこのあたりを歩いていて、ある家に立ち寄り、「お茶を一杯飲ませてくれないか」といった。このあたりの人はこの時代、お茶のことをまったく知らなかったのでお湯をあげた。その後しばらくすると中屋敷から御手洗《みたらい》にかけての山野に、茶の木が生えてきてお茶を飲むことができるようになった。今でも野生の茶の葉をつんで飲んでいる。あの時の乞食坊主は弘法大師だったのだろうと人びとは噂した。（出水市高尾野砂原）

弘法大師―犬の足

昔、犬は足が三本しかなかった。これを可哀想だと思った弘法大師が五徳の足四本のうちの一本を切り取って犬に与えた。だから犬は小便をするとき大切な足におしっこがかからないように片足を上げてするのである。五徳は今でも足三本である。（出水市高尾野野平）

弘法大師―麦のはじまり

弘法大師が唐の国から帰ってくる時、犬が激しく吠えかかった。犬の飼い主である唐人の役人が、「あなたは何かを隠し持っているのではないですか」といってきびしく持ち物を検査した。何もみつからなかったので役人は、「これは失礼しました」と大師に謝り、間違いを起こした犬の足を一本切ってしまった。今でも犬が小便をするのにうしろ足を一本、あげるのはこの時の姿に戻るからである。実は弘法大師はふくらはぎに傷をつけて、この中に麦の種子三粒を隠していたのである。これから日本の麦作りがはじまった。（出水市高尾野柴引）

弘法大師―イモ

弘法大師が乞食姿で旅をしていた。ある村にきたらイモをゆでている女がいた。「腹が減ったので少しイモを食わせてくれないか」といった。女は汚い乞食坊主をみて、「これは食べられないイモだ」と答えた。それまではよく煮えていたイモがいくら時間をかけても石のように固いままだった。女は怒って鍋ごと竹藪に捨てた。これがデシイモ（大師芋、くわず芋）のはじまりである。今でもデシイモはよく竹藪に生えている。（南さつま市笠沙大当）

浦島太郎

正月、五月、九月の二十三夜待ちの時、おそくまで起きていると月が三つみえるという。ひとつははっきりとあとのふたつは漠然とみえる。たいがいの人は眠さに負けて途中で寝てしまう。五十年間もこれを続ける人に対しては神さまが魚のご馳走をしてくれることになっていた。四十九年間見続けてきてあと一年でご馳走になれる人が八人いた。五十年目の晩になり七人は眠気に負けて寝てしまった。一人だけが月のでるまで待つことができた。この人が浦島太郎だった。神さまはすでに八人分の魚料理を準備していたので浦島太郎は八人分の魚料理を食べることができた。この魚料理は一人分で千年生きることができたので、浦島太郎は八千年生きることができたという。（出水市高尾野柴引）

巨　人

いつのことかわからないが、阿久根市脇本の笠山（三九五メートル）にウヒトが住んでいた。ウヒトとは、大きい人、巨人のことである。山頂の窪地が住み家であった。歩くと一歩目が大瀧集落のマサビラン岡であった。二歩目は黒之瀬戸で、三歩目は長島の行人岳（三九四メートル）でこの山地にある窪地はその足跡だという。（阿久根市脇本）

菅原道真

出水市荘《しょう》には菅原道真について次のような伝説がある。

道真は藤原時平の追っ手を逃れて、近くの荒崎の番所まで船でたどりついた。見渡したら一軒の百姓屋がみつかったので訪れてみた。その家の主人は太郎という人であった。貧乏で道真を座らせるような場所もない。太郎は編みかけていた莫蓙を切り裂いてこの上に道真を座らせてお茶を出した。このあいだに追っ手は通り過ぎてしまい、道真は難を逃れることができた。今、田圃の中にある天満宮（菅原神社）に祭られており、今でも道真が休息したという腰掛け石が残っている。このような伝説はここだけでなく大同小異の形で県下各地に残っている。（出水市荘）

天草四郎

芦北町の市野瀬と祝坂の間に四郎岩がある。この岩は島原の乱に敗れた天草四郎が、落ちのびてきた時に乗っていた船が岩となったものである。四郎はここにきてから子守りなどをしながら生計を立てていた。すごい念力を持っていて、空飛ぶ雀を落として子供たちに与えたりして喜ばれていた。川向うの岩まで燕のように飛ぶこともできたという。（芦北町佐敷本村）

赤子ン淵

近くの川に、赤子ン淵というところがある。昔、平家の落人が逃げてきて山奥の岩の洞窟に身をひそめて暮らしていた。赤子が生まれた。泣き声が外にもれて、源氏方に知られることを恐れて、川淵に投げこんで殺した。今でも時たま、このあたりで赤ン坊の泣き声が聞こえるという。（芦北町佐敷乙千屋）

第三節　世間話

浜くだり

佐多田尻のある故老（男）が二十歳のころのことであった。御崎神社の浜くだりの日に友人と二人で草刈りに行った。浜くだりの日だから高い山に登るなよと親からいわれていた。しかし草刈りに夢中になりすぎてつい高いところまできてしまった。

とたんに体は金縛りにあって固くなり、友人の名を呼ぼうとしても声がでなかった。こういうときは体につけているものをはずせ、と年寄たちから聞いたことを思い出した。そこで腰の手拭いと、はいている草履を脱ぎ捨てた。これで体の固さが少し取れたので、友人の手を引っ張るようにして帰った。

友人はまだ高いところまで登っていなかったのでどうもなかったという。このことを親に話したら、浜くだりする神が山越えするのを、おまえが邪魔したからだろうといわれた。昭和二年ごろのことである。（南大隅町佐多田尻）

山　姥

ある故老（女）が十八歳ころのことであった。ゲンチヨ、フクシギという友だち三人でユミシヤマに薪取りに行った。この山は瀬武集落の西にある神山である。生木を切ることは禁じられていたが、枯れ木は取ってよかった。しばらくしてからゲンチヨと呼んでも返事がない。

少し上へ登ってアハブラ（和名不明）の木のあたりをみると、髪を振り乱したものすごい形相の山姥が、ウスージ（山の尾根）を登ってくるのがみえた。そこでものもいわずに、フクシギの袖を引っ張り山を降りた。ゲンチヨも異変に気がついたのかすぐに降りてきた。山姥をみるのは運が尽きた証拠だといわれていたので、不安な気持ちを持ち続けていた。

それからしばらくしてたいした病気もしないのに、フクシギが死んでしまった。みんなは山姥がフクシギに取り憑いたのであろうと噂した。ウスージは四方八方からいろいろな風が集まってくるので、ここで受けた災難は逃れることはできないといわれていた。

それにしても山姥をみた故老や山で名前を呼ばれたゲンチヨに、禍がこずにフクシギにきたのは、不思議なことだと村の人たちは噂した。山で人の名を呼ぶと、よくないことが起こると信じられていた。山の神に名前を覚えられるからである。このことは離島に限らず本土でも、広くいわれている。おそらくフクシギは木の精だったのだろうということに落ち着いた。人は生れながらにして木の精、水の精、土の精などと決まっているという。大正五年ごろのことであった。（瀬戸内町瀬武〈加計呂麻島〉）

第四節　河　童

文　箱

芦北町鶴木山は昔から回船業がさかんであった。ある時、見知らない青年がやってきて文箱の運送を依頼した。法外に高い運送賃をくれたので船頭はよい気分になっていた。しかしあまりにも高い運送賃なので不思議に思い文箱を開いてみた。

そこには、今年の肝を取る人はこの船頭を含めて千人と書いてあった。船頭はびっくり仰天して文章を、運送の駄賃としてこの船頭は除くと書き換えた。こういうわけでこの年はカワタロウ（河童）から肝をとられて死んだのは九九九人だった。見知らない青年は河童が化けていたのだろうとみんなは噂した。（芦北町鶴木山）

博　労

芦北町佐敷本村のある博労が仕事を終えて二見の金ケ淵まできた。少し疲れたので道路わきに転がっていた杉の丸太の上に腰をおろして休んだ。そこへどこからともなく美しい女がやってきて同じ杉の丸太に座った。博労が、「あなたはここらではみかけたことのない人ですが、どこからきましたか」と問うてみた。

途端に美しい女は一匹のコブ（蜘蛛）となって川向こうへと渡っていった。その直後、ウオッという大声とともに大きな蜘蛛の糸が投げかけられてきた。身をひるがえした博労は糸を杉の丸太にかけた。丸太はアッというまに川の淵の中に引きずり込まれた。おそらく、金ケ淵に棲んでいるカワタロ（河童）の仕業であろうと村人は噂した。（芦北町佐敷本村）

風呂好き

鹿屋市百引のある村には、次のような話が伝えられている。

ある家で夕方になり、風呂を立てると人が入る前にガラッパ（河童）が入ってしまう。こういうことが何回も続いたので対策を考えた。風呂の湯を煮えたぎるくらいに熱くしておいた。

いつものころになりガラッパがやってきて入浴した途端に、ギヤッという鋭い声を残して死んでしまった。家の人は記念として片方の腕だけ残してあとはみな埋めてしまった。しばらくしてから旅の人がやってきて、「ガラッパの腕を持っているそうだがぜひ譲って欲しい。高価な薬にするのだからお金はいくらでも出す」といった。

ここで欲を出したら、ガラッパ殺しのことがばれると思ったので応じなかった。しかしこの家では牛馬が続けて死んだり、その他の不幸も相次いで起こった。そこで稲荷さまを勧請して祭ったら、このような不幸も起こらなくなった。明治時代のはじめのごろの話だと伝えられている。（鹿屋市百引《もびき》）

魚をくれる

佐多大泊のある百姓が川の中に馬をつないでおいたら、ガラッパがやってきて馬を深いところに引きずりこもうとした。しかし馬の力が強かったのでガラッパを引きずったまま家に帰ってきた。奇妙な獣に村人はびっくりした。村一番の長老がやってきてガラッパだと教えてくれた。

その後どうやって始末したらよいかみんな困ってしまった。先ほどの長老が命だけは助けてやったらどうかといった。馬の飼い主もそれでよかろうという。「命だけは助けてやるから、これからは悪いことをするなよ」と教えさとして放してやった。ガラッパは喜んで川のほうへ帰っていった。

それから夕方になると、先ほどの長老と馬の飼い主の家に、魚が届けられるようになった。ガラッパが恩返ししているのだろうと村人は噂した。いつごろの話なのかよくわからない。（南大隅町大泊）

第五節　民間知識

以下、特にことわりのない限り県下で一般的にいわれていることである。

諺

○柿はなってんチシャの木―チシャの木は柿の木に似ている。現に柿の実がなっているのにチシャの木だと強弁することをいう。

○草見おっと嫁見おっはするな―よい草が見つかった時はすぐに刈れ。よい娘がおる時は早く嫁に貰え。でないと人に貰われてしまう。

○親が子を思う心は道の長さ、子が親を思う心は道の幅―種子島でいわれている諺である。いつの時代も変わらない名句であろう。

○子おやしの坂、親やいねん坂、家作いの坂―人生には三つの坂道が立ちはだかっている。子供を育てる坂道、年老いた親を養う坂道、家作りの坂道である。どこで聞いたか記録していない。種子島かもしれない。

○孫ムジョガイよっかい、杖ムジョガレ―孫は成長とともに祖父母から離れて行くのが世の常である。それよりもゴテ（五体）がかなわなくなった時のために杖を準備しておいたがよい。「ムジョガル」とは、かわいがるという意味の方言である。

○オンボ戻いの嫁女探し―妻を亡くした夫が埋葬を終えて帰る時には次の妻を探しているということである。（姶良市加治木）

○ダレ者の三日働き―すぐに疲れる者（怠け者）も三日だけは何とか働くがすぐに元の怠け者にもどってしまう。（南種子町島間）

子供の遊び

○下駄隠し―幼児数名が隠してある相手の下駄を探し当てる遊びであるが、その時の唱え文句に、

爪のカカ（母）か、めっけでて（見つけ出して）

くぃやらんか（ください）、なぁなぁ

（大意）爪の母として下駄を意味するおかしさとかわいさがこめられている。その上にやさしいお母さんに下駄探しを依頼しようという乳離れしていない幼児の心がこめられている。（上甑島江石）

○じゃんけんぽ―これも上甑島江石で聞いた。次の数え歌をうたってからじゃんけんぽになる。

一代さんは芋切って
二代さんは煮て食って
三代さんは酒飲んで
四代さんは酔っぱろうて
五代さんはごんぼう切って
六代さんは牢屋に入って
七代さんはひーじついて
八代さんは恥かいて
九代さんは鍬かついで
十代さんは重箱かかえて
　あっぺらぽいのぽい（ここでじゃんけんする）

この数え歌は全国的なもので歌詞を少しずつ違えながら各地に伝えられている。

○物さがし―鉛筆をなくしたとする。自分の唾を左手の掌に吐き溜めて右手で拳をつくり、「ツッドン、ツッドンおいが鉛筆はどけあっどかい（唾どん、唾どん俺の鉛筆はどこにあるだろうか）」と唱えながら思い切り強く叩く。唾が多く飛び散った方角に鉛筆があるというので探す。（指宿市山川成川）

○缶けり―小学校高学年くらいの男の子がおもにやっていた。村中の辻や広場を利用して缶を置き一人が足で蹴ったり、棒で叩いたりする。すぐに数人の者が逃げて隠れる。鬼は缶を拾って元の場所に戻してからみんなを探す。みんなを探し終えたら、次の鬼は最初みつかった子になる。夕方にやる時は缶を蹴ってみんなで示し合わせ自分の家に帰ってしまうようないたずらもする。鬼はその雰囲気をあらかじめ察知して行動することも重要なひとつの眼目であった。小さい弟妹は荷厄介になるが敵味方の間諜の役をして笑いをさそうことが多い。そういう中でルールを覚えて、遊びに加わるようになる。

民間療法

○子供に吹き出物ができた時、片足に下駄、片足に草履を履いて桑の木にお茶をかけると治る。
○疣《いぼ》ができた時に、庭木の枝が重なっているのを別々に分けてやると治る。
○釘を足裏に刺した時は、蘇鉄の幹を切りでてくる脂《やに》をつけるとよくなる。
○とがった竹で足裏を刺した時は、蕎麦粉を焼酎で練りつけるとよくなる。
○子供が夜泣きをする時は、父親の褌を布団の上に置けばよくなる。鶏の絵を描き竈に供えるとよいともいう。
○腫れものには、メッッパイ（オオバコ）の葉を少し火にあぶって当てると膿をよく吸い出して治りが早い。
（出水市大川内不動野）
○子供が発熱してひきつけることをツルという。この時は、歯と歯のあいだにめしげをはさみ味噌をお湯でとかして飲ませるとよくなる。（錦江町皆倉《かいくら》）

注

（1）桜田勝徳『海の宗教』（淡交社、昭和四十五年）。
（2）下野敏見「原始繊維ビーダナシ」（『南西諸島の民俗Ⅰ』所収、法政大学出版局、昭和五十五年）。
（3）鹿児島県における平成二十年度の甘藷の生産量は四十万四十トンで、サトイモは九千五百四十七トンであった（鹿児島県農政課による）。
（4）内藤喬『鹿児島民俗植物記』（初版、青潮社、昭和三十九年）。
（5）川端豊彦「食事・食器」（『日本民俗学大系⑥』所収、平凡社、昭和三十七年）。
（6）柳田國男『定本柳田國男集⑭』（筑摩書房、昭和四十四年）。
（7）牧田茂「小屋」（『日本民俗学大系⑥』所収、平凡社）。
（8）のちに、伊佐市大口には、アラケという部屋の名称が残っていることを下野敏見氏にご教示いただいた。ここは熊本県に隣接している。
（9）嵐嘉一『日本赤米考』（雄山閣、昭和四十九年）。
（10）宮本常一『大隅半島民俗採訪録』（慶友社、昭和四十三年）。
（11）川崎晃稔『薩南諸島の刳舟製作習俗聞書』（南島民俗研究会、昭和五十一年）。
（12）『国史大辞典』四巻（吉川弘文館、昭和五十九年）。
（13）小林茂「荷車」（『日本技術の社会史⑧』所収、日本評論社、平成三年）。
（14）竹内利美「馬の民俗」（『日本古代文化の探求　馬』所収、社会思想社、昭和四十九年）。
（15）磯貝勇「交通・運輸」（『日本民俗学大系⑤』所収、平凡社、昭和三十四年）。
（16）内藤莞爾『西南九州の末子相続』（塙書房、昭和四十六年）。
（17）注（1）に同じ。
（18）小野重朗『民俗神の系譜』（法政大学出版局、昭和五十六年）。

（19）下野敏見『南九州の民俗文化誌』所収（南方新社、平成二十三年）。
（20）大藤ゆき『児やらい』（岩崎美術社、昭和四十七年）。
（21）注（4）に同じ。
（22）山口賢俊『日本の民俗・新潟』（第一法規出版社、昭和四十七年）。
（23）国分直一「葬制上の諸問題」（『日本民族文化の研究』所収、慶友社、昭和四十五年）。
（24）小野重朗「苙《オロ》馬追い」（『南九州の民俗文化』所収、法政大学出版局、平成二年）。

本書に出てくるおもな地名

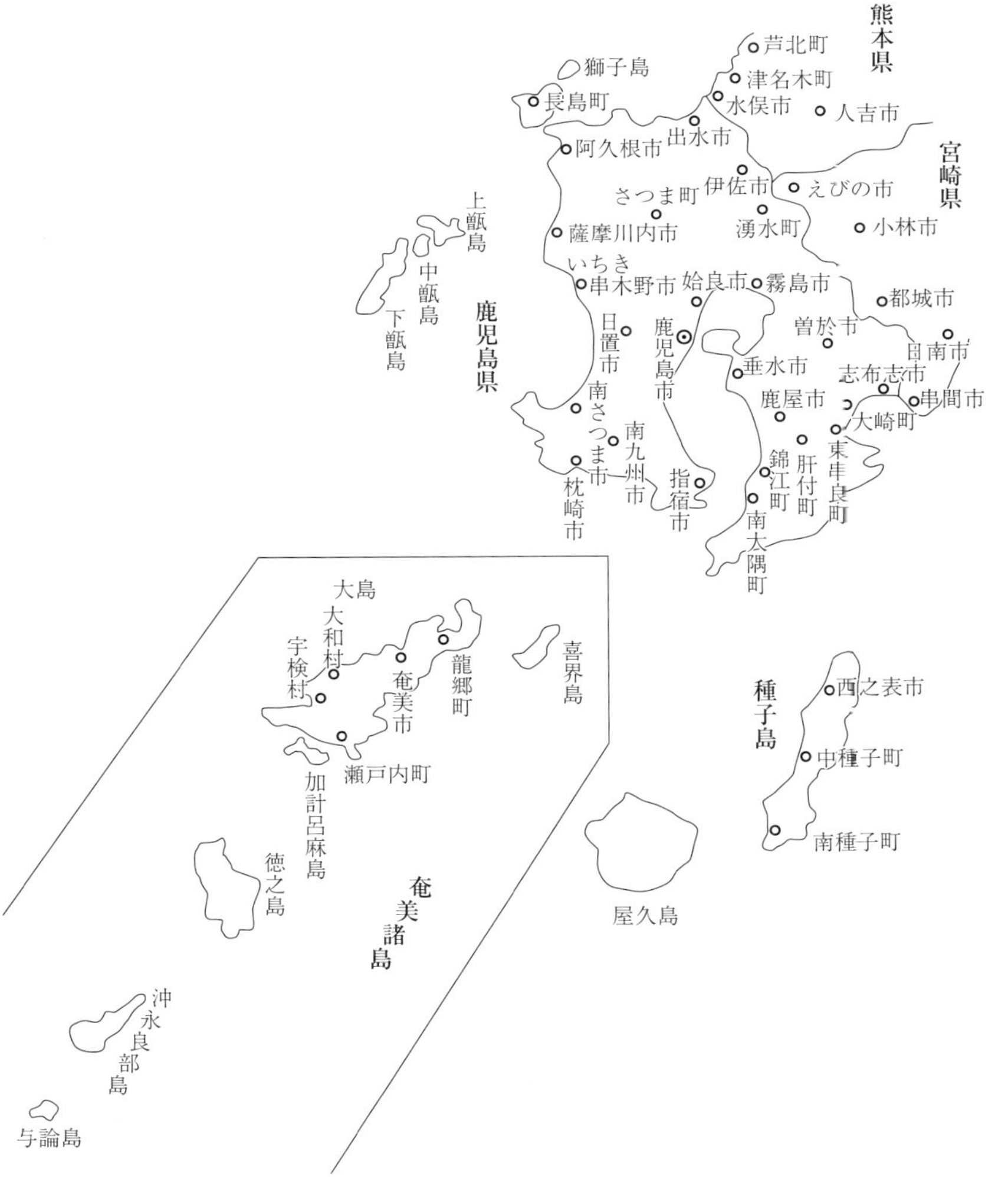

あとがき

野帳にもとづいて分類・整理し起筆してから十五ケ月が経過した。なんとか物になりそうなところまでこぎつけることができた。

〇　〇

三十年くらい前のことであったろうか。姶良郡のある山村で国鉄を退職した故老とお会いしたことがある。この故老は退職金で山を買い杉を植えてその成長を楽しみに老後を過ごしてきた。しかし事志と違い杉の木は一雨ごとに成長するのに売れないという。亭々とそびえる杉の大木に囲まれながら故老の憂色は深かった。村から若者は去り、生活道路の維持さえむずかしい状況だという。緑の杉の大木が私には人間を呑み込もうとしている、うわばみか魔性の妖怪に思えて仕方がなかった。それからしばらくして「限界集落」などという言葉が新聞などにさかんに掲載されるようになったと思っている。

〇　〇

徴兵検査を受ける時の状況を、ユーモラスにもりこんだ戯歌《ざれうた》を聞いたことがあった。が、その後いくら調査しても知っている故老にゆきあえず歯がゆい思いをしている。紡績女工の歌も聞いたことがある。その片鱗でも、本書に掲載できればよかったが、あまりにも断片的でそれができなかったのは残念である。生きんとする若い娘のけなげな心意気が歌われていた。いつの時代も、歌は民衆とともにあった。

〇　〇

熊本県の葦北地方には足しげく通った。肥薩の民俗の違いを少しでも感得してみたかったからである。昭和五十一年三月上旬のある日のことは次のとおり記録されている。

午前六時四十五分の列車で西出水駅を出発した。八時少し過ぎて湯之浦駅（芦北町）に着いた。バスを乗り継ぎ、内野入り口で降りて栫《かこい》、豊岡、寺川内《てらがわち》などの集落に故老を訪ねて主に焼畑について調査した。野角《のずみ》では犬二匹に吠えたてられてあわてふためいた。午前中晴れていたのに、午後から空はくもり寒風が吹きはじめた。湯之浦駅前で遅い昼食をすませて、午後四時過ぎの列車で帰路についた。

○　○

本書を刊行するにあたり、前鹿児島大学教授・下野敏見先生にはいろいろなご助言、ご指導をいただきました。深甚の謝意を表します。

最後に話しを提供してくださった多くの故老の方々に感謝の念を捧げたい。故老たちの協力なくして本書もこの世に存在することはなかったからである。

著者略歴

水流　郁郎（つる　いくろう）
一九三四年　鹿児島県指宿市山川成川に生まれる。
一九五七年　鹿児島大学文理学部を卒業。
鹿児島県の高校教員（社会科）となる。
一九九五年　退　職。

〔主要著書〕

『南九州の通過儀礼』（自家版、一九七五年）
『九州の祝事』（明玄書房、一九七八年、共著）
『九州の葬送・墓制』（明玄書房、一九七九年、共著）
『九州の生業Ⅰ　農林業』（明玄書房、一九八〇年、共著）

鹿《か》児《ご》島《しま》民《みん》俗《ぞく》聞《きき》書《がき》

二〇一三年六月二四日　第一刷発行

著　者　水流郁郎

発行者　慶友社
〒一〇一―〇〇五一
東京都千代田区神田神保町二―四八
電　話〇三―三二六一―一三六一
ＦＡＸ〇三―三二六一―一三六九

印刷＝亜細亜印刷・製本＝協栄製本

ISBN 978-4-87449-094-5　C3039